读懂《数据安全法》
关键要点与释义精讲

方禹　刘耀华　王漪清　黄潇怡 ◎ 编著

聚焦数据安全风险隐患
贯彻落实总体国家安全观

人民邮电出版社

北京

图书在版编目（ＣＩＰ）数据

读懂《数据安全法》：关键要点与释义精讲 ／ 方禹
等编著. —— 北京：人民邮电出版社，2023.4
ISBN 978-7-115-61126-0

Ⅰ．①读… Ⅱ．①方… Ⅲ．①数据安全法－研究－中
国 Ⅳ．①D922.174

中国国家版本馆CIP数据核字(2023)第021996号

内 容 提 要

　　本书依据《中华人民共和国数据安全法》，介绍了中国信息通信研究院互联网法律研究中心长期开展数据安全立法的研究所取得的成果，结合国际经验、学术观点，分析了《中华人民共和国数据安全法》的立法背景，以及数据分类分级、数据安全审查、数据安全风险评估、监测预警和应急处置等各项重要制度。本书还对《中华人民共和国数据安全法》进行条文释义，为社会各界深入理解数据安全保护各项制度提供有益参考。本书适合互联网企业的信息安全、数据运维和数据管理部门的工作人员阅读，还适合数据使用者阅读。

　◆　编　　著　方　禹　刘耀华　王漪清　黄潇怡
　　　　责任编辑　张　迪
　　　　责任印制　马振武
　◆　人民邮电出版社出版发行　　北京市丰台区成寿寺路 11 号
　　　邮编　100164　　电子邮件　315@ptpress.com.cn
　　　网址　https://www.ptpress.com.cn
　　　固安县铭成印刷有限公司印刷
　◆　开本：720×960　1/16
　　　印张：11.75　　　　　　　　　　2023 年 4 月第 1 版
　　　字数：143 千字　　　　　　　　2023 年 4 月河北第 1 次印刷

定价：89.90 元

读者服务热线：(010)81055493　印装质量热线：(010)81055316
反盗版热线：(010)81055315
广告经营许可证：京东市监广登字 20170147 号

前　言

　　信息技术发展日新月异，数字经济蓬勃向前，它们深刻改变着人类的生产生活方式，对全球各国经济与社会发展、治理体系、人类文明进程影响深远。数据成为实现创新发展、重塑人们生活的重要力量。但与此同时，全球重大数据安全事件频发，给国家安全、经济与社会发展、个人信息安全均带来严峻的挑战。

　　党中央高度重视数据安全法治建设，就加强数据安全工作和促进数字化发展做出一系列部署。按照党中央决策部署和贯彻总体国家安全观的要求，全国人民代表大会常务委员会积极推动数据安全立法工作。2018 年，第十三届全国人民代表大会常务委员会公布立法规划，其中将《中华人民共和国数据安全法》（以下简称《数据安全法》）列入第一类项目（条件比较成熟、任期内拟提请审议的法律草案）。经反复研究修改和三次审议，2021 年 6 月 10 日，经第十三届全国人民代表大会常务委员会第二十九次会议通过，《数据安全法》正式发布并于 2021 年 9 月 1 日起施行，其也成为我国数据安全领域的基础性法律。

　　《数据安全法》贯彻落实总体国家安全观，聚焦数据安全领域的风险隐患，加强国家数据安全工作的统筹协调，确立数据分类分级管理、数据安全审查、数据安全风险评估、监测预警和应急处置等基本制度。其中涉及的一系列重大问题仍需进一步研究讨论。

中国信息通信研究院互联网法律研究中心在全程深度参与《数据安全法》起草、出台工作的基础上，结合长期开展数据安全立法的研究成果，结合国际经验、学术观点，以及《数据安全法》的立法背景，详细介绍、深入分析了各项重要制度，同时对《数据安全法》进行了条文释义。

数据安全事关公民个人权益、产业健康发展甚至国家安全。《数据安全法》的实施，是我国数据安全法治体系建设的新起点。为了让数据安全托起美好的数字生活，还需要持续的实践活动来焕发其生命力。衷心希望本书能够为社会各界深入理解数据安全保护各项制度提供有益参考。

编著者

2022 年 12 月

目　录

第一篇

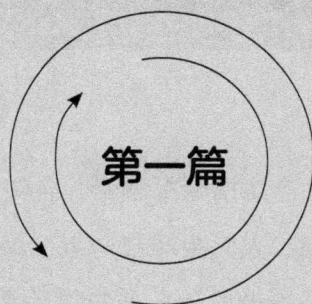

《数据安全法》的
重点制度解析

第一章 《数据安全法》概况

随着信息技术和人类生产生活交汇融合，各类数据迅猛增长、海量聚集，对经济发展、社会治理、人民生活都产生了深刻的影响。数据安全已成为事关国家安全与经济社会发展的重大问题。党中央对此高度重视，提出加快法规制度建设、切实保障国家数据安全等明确要求。党的十九大报告提出，推动互联网、大数据、人工智能和实体经济深度融合。党的十九届四中全会决定将数据作为新的生产要素。按照党中央部署和贯彻落实总体国家安全观的要求，制定一部数据安全领域的基础性法律十分必要。

第一节 出台过程

《中华人民共和国数据安全法》（以下简称《数据安全法》）立法工作于2018 年启动，在历经研究起草、公开征求意见、全国人民代表大会常务委员会三次审议等立法进程后，于 2021 年公布实施。

1. 纳入立法规划

2018 年 9 月，在第十三届全国人民代表大会常务委员会公布的立法规划中，《数据安全法》被列入第一类项目（条件比较成熟、任期内拟提请审议的法律草案）。2018 年 10 月，全国人民代表大会常务委员会法制工作委员会会同有关部门成立工作专班，抓紧起草工作，形成《中华人民共和国数据安全法（草案）》。

2. 初审及公开征求意见

2020 年 6 月 28 日，第十三届全国人民代表大会常务委员会第二十次会议对《中华人民共和国数据安全法（草案）》进行了初次审议。7 月 3 日，《中华人民共和国数据安全法（草案）》在中国人大网公布，向社会公开征求意见。《中华人民共和国数据安全法（草案）》共七章五十一条，主要内容包括：确立数据分类分级管理、数据安全风险评估、监测预警和应急处置等数据安全管理基本制度；明确开展数据活动的组织、个人的数据安全保护义务，落实数据安全保护责任；坚持安全与发展并重，规定支持促进数据安全与发展的措施；建立保障政务数据安全和推动政务数据开放的制度措施。

3. 进行第二次审议

2021 年 4 月 26 日，第十三届全国人民代表大会常务委员会第二十八次会议对《中华人民共和国数据安全法（草案二次审议稿）》进行了审议。根据常务委员会委员和地方、部门、专家建议，草案二次审议稿与公开征求意见稿相比主要做出以下修改：一是与《中华人民共和国民法典》等有关规定相衔接，草案二次审议稿第二条中的"开展数据活动"修改为"开展数据处理活动及其安全监管"，并适当调整完善有关用语的含义；二是对地方、部门制定重要数据目录做出规定，明确由国家建立数据分类分级保护制度，确定重要的数据目录，各地区、各部门按照规定确定本地区、本部门，以及相关行业、领域的重要数据的具体目录；三是与《中华人民共和国网络安全法》（以下简称《网络安全法》）中的相关制度做好衔接，规定开展数据处理活动应当"在网络安全等级保护制度的基础上"建立健全全流程安全管理制度，加强数据安全保护；四是增加关于重要数据出境的规定，"关键信息基础设施的运营者在我国境内运营中收集和产生的重要数据的出境安全管理，适用《中华人民共和国网络安全法》的规定；其他数据处理者在我国境内运营中收集和产生的重要数据的出境安全管理办法，由国家网信部门会同国务院有关部门制定"；五是增加未经批准擅自提供数据的处罚规定，为有关组织、个人拒绝其他国家不合理要求提供更为充分的法律依据。

4. 进行第三次审议

2021年6月8日，第十三届全国人民代表大会常务委员会第二十九次会议对《中华人民共和国数据安全法（草案三次审议稿）》进行了分组审议，普遍认为草案三次审议稿比较成熟，建议进一步修改后，提请本次常务委员会会议表决通过。6月9日，全国人民代表大会宪法和法律委员会召开会议，认为草案三次审议稿是可行的，同时，提出以下修改意见：一是将草案三次审议稿第三条第一款数据定义中的"电子或者非电子形式"修改为"电子或者其他方式"，将第六条第一款中的"产生、汇总、加工"修改为"收集和产生"；二是线下数据处理活动不适用网络安全等级保护制度，宪法和法律委员会经研究决定对草案三次审议稿第二十七条规定做出相应修改，区分情况分别做出规定；三是对与统计、档案有关的数据处理活动的法律适用问题做出衔接性规定，规定在统计、档案工作中开展数据处理活动，还应当遵守有关法律、行政法规的规定。

5. 公布实施

2021年6月10日，国家主席习近平签署第八十四号主席令：《中华人民共和国数据安全法》已由中华人民共和国第十三届全国人民代表大会常务委员会第二十九次会议于2021年6月10日通过，现予公布，自2021年9月1日起施行。《数据安全法》与草案三次审议稿相比主要做出以下修改：

一是新设了国家核心数据管理制度，对于关系国家安全、国民经济命脉、重要民生、重大公共利益等数据属于国家核心数据，实行重要数据之上的更加严格的管理；二是增加了保障弱势群体正当需求的条款，一方面鼓励公共服务的智能化，另一方面匹配"适老化"等设计；三是建立国家层面的数据安全工作协调机制，避免"九龙治水"或监管盲点；四是增加国家机关在履职中对数据的保密义务，规定政务系统建设和数据处理的受托方的安全义务；五是加大违法行为处罚力度。

第二节　重要内容

《数据安全法》共七章五十五条，作为数据安全领域的基础性法律，确立了数据分类分级、重要数据保护、数据安全风险评估预警及应急处置、数据安全审查、跨境数据流动管理、政务数据安全与开放等重要制度，构建了我国数据安全的顶层设计。

1. 明确相关术语内涵与外延

《数据安全法》对数据、数据处理、数据安全等基本术语进行了界定，"数据"是指以电子或者其他方式对信息的记录；"数据处理"是指数据的收集、存储、使用、加工、传输、提供、公开等；"数据安全"是指通过采取必要措施，确保数据处于有效保护和合法利用的状态，以及具备保障持续安全状态的能力。

2. 明确适用范围

《数据安全法》除了适用于在我国境内开展数据处理活动及其安全监管，也适用于在我国境外开展的损害我国国家安全、公共利益或个人、组织合法权益的数据处理活动。

3. 明确数据安全管理体制机制

《数据安全法》坚持总体国家安全观，明确由中央国家安全领导机构负责国家数据安全工作的决策和议事协调，建立国家数据安全工作协调机制。各地区、各部门对本地区、本部门工作中收集和产生的数据及数据安全负责。工业、电信、交通、金融、自然资源、卫生健康、教育、科技等主管部门承担本行业、本领域数据安全监管职责；公安机关、国家安全机关等在各自职责范围内承担数据安全监管职责；国家网信部门负责统筹协调网络数据安全和相关监管工作。

4. 坚持数据安全与发展并重

《数据安全法》强调以数据开发利用和产业发展促进数据安全，以数据安全保障数据开发利用和产业发展。对促进数据安全与产业发展的措施做出规定，包括实施大数据战略，制定数字经济发展规划；支持数据相关技术研发和商业创新；推进数据相关标准体系建设，促进数据安全检测评估、认证等服务的发展；建立健全数据交易管理制度，规范数据交易行为，培育数据交易市场；支持采取多种方式培养专业人才等。

5. 明确数据分类分级及重要数据保护制度

《数据安全法》强调国家建立数据分类分级保护制度，根据数据重要程度及可能造成的危害程度，对数据实行分类分级保护。在此基础上，明确重要数据、核心数据的特殊管理要求。在重要数据方面，要求对重要数据采用目录管理方式，并明确目录的制定机制；强化重要数据处理者的义务，要求应明确数据安全负责人和管理机构，并对数据处理活动定期开展风险评估等。在核心数据方面，明确关系国家安全、国民经济命脉、重要民生、重大公共利益等数据属于国家核心数据，对其实行更加严格的管理制度。

6. 建立数据安全风险评估预警及应急处置机制

《数据安全法》明确国家建立集中统一、高效权威的数据安全风险评估、报告、信息共享、监测预警机制，统筹协调数据安全风险信息的获取、分析、研判、预警工作；明确国家建立数据安全应急处置机制，发生数据安全事件时依法启动应急预案，采取相应的应急处置措施，并及时向社会发布与公众有关的警示信息。

7. 建立数据安全审查制度

《数据安全法》明确国家建立数据安全审查制度，对影响或者可能影响国家安全的数据处理活动进行国家安全审查。

8. 明确跨境数据流动管理要求

一是在《网络安全法》关于关键信息基础设施运营者收集和产生的重要数据跨境流动管理要求的基础上，明确对于其他数据处理者收集和产生的重要数据出境的情形，由国家网信部门会同国务院有关部门制定管理办法。二是在《中华人民共和国出口管制法》（以下简称《出口管制法》）的基础上，对与维护国家安全和利益、履行国际义务相关的属于管制物项的数据，依法实施出口管制。三是对外国司法或者执法机构调取我国数据的情况制定了反制措施，明确未经我国主管机关批准，境内的组织、个人不得向外国司法或者执法机构提供存储于我国境内的数据。

9. 关于政务数据安全与开放

《数据安全法》明确国家大力推进电子政务建设，提高政务数据的科学性、准确性、时效性，提升运用数据服务经济社会发展的能力。对国家机关应履行的义务做出具体规定，包括在职责范围内依照法定条件和程序收集、使用数据；建立健全数据安全管理制度，保障政务数据安全；制定政务数据开放目录、构建政务数据开放平台，推动政务数据开放利用等。此外，对国家机关委托他人存储、加工或者向他人提供政务数据的审批要求和监督义务做出规定。

10. 法律责任

对未履行《数据安全法》的义务及违反《数据安全法》的行为，明确了应承担的法律责任。

第三节　重要意义

《数据安全法》承上启下、承前启后，在《中华人民共和国宪法》《中华人民共和国国家安全法》《网络安全法》等法律的基础上，对一系列涉及数据安全管理的重要制度做出规定，标志着我国在网络与信息安全领域的法律法规体系得到了进一步完善。作为数字经济时代的数据安全专门立法，《数据安全法》在保障我国数字主权、服务总体国家安全观、维护人民群众合法权益、促进数字经济发展等方面具有重大意义，影响深远。

一是维护国家安全的必然要求。数据是国家基础性战略资源，没有数据安全就没有国家安全。《数据安全法》贯彻落实总体国家安全观，聚焦数据安全领域风险隐患，建立健全数据安全各项基本制度，保障数据安全，促进数据开发利用，为有效应对数据这一非传统领域的国家安全风险与挑战，切实维护国家主权、安全和发展利益提供根本法律遵循。

二是维护人民群众合法权益的客观需要。数字经济为人民群众的生产生活提供了很多便利，与此同时，数据处理主体更加多元、处理活动更加复杂，利用数据侵害人民群众合法权益的问题也十分突出，社会反映强烈。

《数据安全法》明确了相关主体应当依法依规开展数据活动，健全完善内部管理制度，加强风险监测，及时处置数据安全事件，切实加强数据安全保护，让广大人民群众在数字化发展中获得更多的幸福感、安全感。

三是促进数字经济健康发展的重要举措。近年来，我国不断推进网络强国、数字中国和智慧社会建设，以数据为新生产要素的数字经济蓬勃发展，数据的竞争已成为国际竞争的重要领域。《数据安全法》坚持安全与发展并重，在规范数据活动的同时，对支持促进数据安全与发展的措施、推进政务数据开放利用等做出相应规定，通过促进数据依法合理有效利用，充分发挥数据的基础资源作用和创新引擎作用，加快形成以创新为主要引领和支撑的数字经济，更好地服务我国经济社会发展。

第二章 数据分类分级

《数据安全法》第二十一条规定如下。

国家建立数据分类分级保护制度，根据数据在经济社会发展中的重要程度，以及一旦遭到篡改、破坏、泄露或者非法获取、非法利用，对国家安全、公共利益或者个人、组织合法权益造成的危害程度，对数据实行分类分级保护。国家数据安全工作协调机制统筹协调有关部门制定重要数据目录，加强对重要数据的保护。

关系国家安全、国民经济命脉、重要民生、重大公共利益等数据属于国家核心数据，实行更加严格的管理制度。

各地区、各部门应当按照数据分类分级保护制度，确定本地区、本部门以及相关行业、领域的重要数据具体目录，对列入目录的数据进行重点保护。

这一规定标志着数据分类分级保护制度正式成为我国数据安全治理的一大基本原则。各地区、各部门是实施数据分类分级保护制度的主体，如何全面理解把握、精准贯彻实施数据分类分级保护制度，直接考验各级政府的数据治理能力水平；各类组织和个人是数据的主要生产者、处理者与利用者，需要根据数据的不同类别与安全等级精细化采取相应措施，以防范合规风险及可能出现的国家安全、公共安全风险。

第一节　数据分类分级的内涵与原则

1. 数据分类分级的含义

数据分类分级包括数据分类和数据分级两大方面。

数据分类是指按照数据具有的某种共同属性或特征，采用一定的原则和方法进行区分和归类，是对数据的横向划分。从数据安全治理的角度来看，其目的主要在于确定数据归口管理的部门，也方便各类组织和个人识别、查询、利用各类数据。

数据分级是根据数据的重要程度、敏感程度，以及一旦遭到篡改、破坏、泄露或者非法获取、非法利用，对国家安全、公共利益或者个人、组织合法权益造成的危害程度对数据进行定义，是对数据的纵向区分。数据分级一般是在数据分类的基础上进行的。从数据安全治理的角度来看，其目的主要在于使数据的对口管理部门针对不同特点的数据区分不同的监管措施，以及使各类组织和个人明晰数据的重要程度，从而采取不同的合规措施。

综合来看，数据分类与数据分级虽然侧重点不同，但本质都是对庞大的数据进行分类，从而进行精细化、区别化管理的一种现代化管理措施。数据分类与数据分级是相辅相成的，离开了数据分类的分级将造成数据量庞大、权属不明最终无序混乱，离开了数据分级的分类将使该项制度失去意义。分级也是一种分类，分类的最终目的是分级。

2. 数据分类分级的主体

根据《数据安全法》第二十一条，"国家"是数据分类分级保护制度的主体。在具体实施上，包括"国家数据安全工作协调机制"和"各地区、各部门"，即中央和地方各层级的政府是执行《数据安全法》第二十一条规定的数据分类分级的主体，制定国家核心数据、重要数据目录并开展重点保护，进行相应的立法和执法活动。因此，从国家建立数据分类分级保护制度和开展执法活动的角度来看，数据分类分级的标准着眼于明确数据的管理部门（"管理"既包括管理积极的开放、开发、利用等，也包括消极的监测、预警、保护、恢复等），压实各层级政府、各部门的主体责任。

另外，数据分类分级广泛地应用于人们日常生活的方方面面。小到一个图书馆的图书按照一定的类别摆放在不同的楼层、书架，以及对图书复本和原本采取不同的保护措施，这也是典型的数据分类分级活动。因此，在实践中，各类企业、组织也是数据分类分级的主体，数据分类分级的标准差异巨大。例如，从业务开展使用数据的视角，企业根据数据的业务特征将企业数据分为研发数据、制造数据和销售数据等。从 IT／数据管理部门的视角，企业关注的不是业务分工，而是数据自身在 IT 系统里如何承载、管理、呈现，所以 IT／数据管理部门将数据分为结构化数据、非结构化数据或主数据、交易数据、元数据等。在《数据安全法》正式施行的背景下，各类企业、组织内部的数据分类分级标准不可避免地需要与国家机关制定的相关标准相互协调适应，才能更好地符合数据合规的要求。

3. 数据分类分级的意义

数据分类分级是在当今世界迈入数据爆炸时代背景下进行数据治理的必然要求。其意义可以归纳为以下 3 个方面。

① 对于重要数据进行保护，是保护国家安全、公共利益和公民权利的需要。 数据分类分级的最终目的是保护重要数据[1]，首要目的也是保护重要

1　武长海. 数据法学 [M]. 北京：法律出版社，2022.

数据。只有在确保安全的基础上，国家发展才有意义，才可持续。因此，数据分类分级的首要任务是筛选出在国家安全和经济社会发展中地位重要，一旦遭到篡改、破坏、泄露或者非法获取、非法利用，对国家安全、公共利益或者个人、组织合法权益造成的危害程度大的重要数据，以及关系国家安全、国民经济命脉、重要民生、重大公共利益等的国家核心数据，对它们进行最严格的保护。如果不进行分类分级，对所有数据都进行高标准保护，一是成本巨大，二是难以执行，三是漏洞百出，四是限制了数据合理利用所能发挥的巨大价值。

② 促进利用一般数据，是促进数字经济高质量发展的需要。数据已经成为重要的生产要素，被誉为 21 世纪的"石油"，基于大量数据处理活动的数字经济已经成为世界各国的重要经济增长点与国际合作竞争的重要领域。麦肯锡在其名为《数字全球化：全球数据流新纪元》的报告中指出，数据流动对全球 GDP 的贡献于 2014 年达到 2.8 万亿美元，超出了货物流动的贡献。因此，特别是对于拥有大规模数据的中国来说，数据管理制度需要以确保安全为前提，但要以促进数据生产要素更加充分的开发利用为目标。数据分类分级保护制度将重要数据筛选出来进行重点保护后，对于其他数据而言就是吃了一颗"定心丸"，可以放心地传输共享与开发利用。从国际视野来看，数据分类分级也是破解跨境数据流动的"三难选择"[1]的重要方案，即在确保国家数据主权的前提下，通过数据分类分级保护制度，对重要数据的跨境进行重点保护，对一般数据

---

1 从全球范围来看，针对跨境数据流动的规制存在"三难选择"问题，即"良好的数据保护""跨境数据自由流动""各国政府数据保护自主权"不可能同时达成。
黄宁，李杨．"三难选择"下跨境数据流动规制的演进与成因 [J]. 清华大学学报（哲学社会科学版），2017，32（5）：172-182+199.

施以较为宽松的流动措施。

③ **对于监管部门明晰权责，是国家治理体系和治理能力现代化的需要。** "两不管""踢皮球"与"抢蛋糕""重复治理"是行政管理中容易出现的问题。数据治理现代化是国家治理体系和治理能力现代化的重要组成部分。数据分类分级有利于各个部门明晰权责，既避免该管的数据管不到，也避免对同一类数据的多头管理。对于重要数据和国家核心数据，明确主管部门更加重要。

4. 数据分类分级的原则

数据分类活动一般需要遵循以下 6 项原则。

① **系统性与科学性原则。** 数据分类难以通过一级分类完成，往往需要按照科学的、客观的逻辑体系，通过多个层级进行分类，从而构成一个有机结合的科学的数据系统。系统性与科学性原则是高效获取数据、管理数据的必然要求。

② **实用性原则。** 数据分类应当追求实用，不设置无意义的类目，符合用户对数据分类的普遍认知。

③ **规范性原则。** 数据分类需要采用规范的用词用语，在多个系统间尽量使用统一的规范标准。

④ **明确性原则。** 不同类别的数据之间、数据类别的命名应当清楚明确，界限分明，让使用者能够明确判定该类别的特征。

⑤ **稳定性原则。** 应当选择分类对象最稳定的特征属性进行分类，保障分类的相对稳定性。

⑥ **扩展性原则。** 应当保留适当的冗余，使新的数据类别出现时能够方便添加且进行管理。

数据分级活动一般需要遵循以下 8 项原则。

① **合法合规原则**。无论是政府机关还是企业，数据分级均应当符合国家法律法规的相关规定，并尽可能符合利于监管执法的需要。

② **可执行性原则**。数据分级不宜过多过细而导致执行成本巨大，也不宜过少过宽而导致效能丢失。数据分级的结果既要能达到立法的目的，又要便于执行。

③ **时效性原则**。数据的安全级别并非是一成不变的，可能会随着时间迁移、法规变化、主体行为等因素降低或提升，应当及时灵活做出调整。

④ **自主性原则**。数据分级需要结合主体自身业务的不同，灵活制定，做出适当的调整。

⑤ **合理性原则**。数据分级不应过严或过松，造成数据过分地集中于某个类别，而使数据分类分级保护制度失去效能。

⑥ **客观性原则**。应当按照数据的客观属性进行定级，定级结果应当是可检验的。

⑦ **就高从严原则**。不同级别的数据同时被处理、应用且无法精细化管控时，则应按照其中级别最高的要求来实施保护。

⑧ **关联叠加效应原则**。对于非敏感数据关联后可能产生敏感数据的场景，关联后的数据安全级别应高于原始数据。

第二节　数据分类分级标准与我国实践

目前，我国多个国家部门、地方政府通过指南、国家标准、地方标准等形式发布了一系列数据分类分级指引性文件，为《数据安全法》第二十一条的实施打下了一定的基础。

1. 国家层面

（1）《工业数据分类分级指南（试行）》

2020 年 2 月 27 日，工业和信息化部办公厅印发了《工业数据分类分级指南（试行）》（以下简称《指南》），用于指导工信部门、工业企业、平台企业开展数据分类分级工作。

在分类标准上，《指南》第六条将工业数据分为五大数据域：研发数据域（研发设计数据、开发测试数据等）、生产数据域（控制信息、工况状态、工艺参数、系统日志等）、运维数据域（物流数据、产品售后服务数据等）、管理数据域（系统设备资产信息、客户与产品信息、产品供应链数据、业务统计数据等）、外部数据域（与其他主体共享的数据等）。《指南》将平台企业分为平台运营数据域（物联采集数据、知识库模型库数据、研发数据等）和企业管理数据域（客户数据、业务合作数据、人事财务数据等）。

在分级标准上，《指南》依据"不同类别工业数据遭篡改、破坏、泄露或者非法获取、非法利用后，可能对工业生产、经济效益等带来的潜在影响"，将工业数据分为一级、二级、三级，其中三级最重要。

在防护要求上，《指南》规定企业针对三级数据采取的防护措施，应能抵御来自国家级敌对组织的大规模恶意攻击，并应及时上报省级工信主管部门；针对二级数据采取的防护措施，应能抵御大规模、较强的恶意攻击；针对一级数据采取的防护措施，应能抵御一般的恶意攻击。

在数据共享与开发利用上，《指南》第十五条规定，鼓励企业在做好数据管理的前提下适当共享一级、二级数据，充分释放工业数据的潜在价值。二级数据只对确需获取该级数据的授权机构及相关人员开放。三级数据原则上不共享，确需共享的应严格控制知悉范围。

（2）YD/T 3813—2020《基础电信企业数据分类分级方法》

2020 年 12 月 9 日，工业和信息化部发布了《基础电信企业数据分类分级方法》（以下简称《方法》）。《方法》的适用主体为基础电信企业。

在数据分类上，《方法》将基础电信企业掌握的数据分为两大类，即用户相关数据和企业自身数据，再逐级分解。

在数据分级上，《方法》主要考虑三大影响类别：一是数据破坏对国家安全、社会秩序、公共利益造成的影响；二是数据破坏对企业利益造成的影响（包括业务影响、财务影响和声誉影响）；三是数据破坏对用户利益造成的影响。最终取 3 个影响类别中影响程度最高的一项来确定数据的重要敏感程度。重要敏感程度从高到低分别为第四级、第三级、第二级和第一级。

在分类分级安全管控要求方面，《方法》要求应当对数据进行分类分级标识，原则上未经脱敏处理的数据不可降级使用，传输高安全级别的数据应当对数据报文进行加密，使用或披露高安全级别数据应采用数据脱敏技术，符合其他标准对个人敏感信息的安全管控要求等。

（3）JR/T 0158—2018《证券期货业数据分类分级指引》

2018 年 9 月 27 日，中国证券监督管理委员会发布《证券期货业数据分类分级指引》（以下简称《指引》）。《指引》首先将数据分类分级的方法分为 3 个阶段：第一阶段是业务细分，解决业务分类问题，并确定数据的管理主体；第二阶段是数据归类；第三阶段是级别判定。3 个阶段依次递进，后一个阶段以前一个阶段为基础，最终实现定责—分类—定级—定位。在数据分类中，主要依据"管理范围—管理对象"方法进行归类。数据分类分级的基本流程如图 2-1 所示。数据定级主要考虑影响对象（行业、机构、客户）、影响范围（多个行业、行业内多机构、本机构）、影响程度（严重、中等、轻微、无)3个要素，将数据重要程度从高到低划分为四级（极高）、三级（高）、二级（中）、一级（低）。数据定级规则见表2-1。

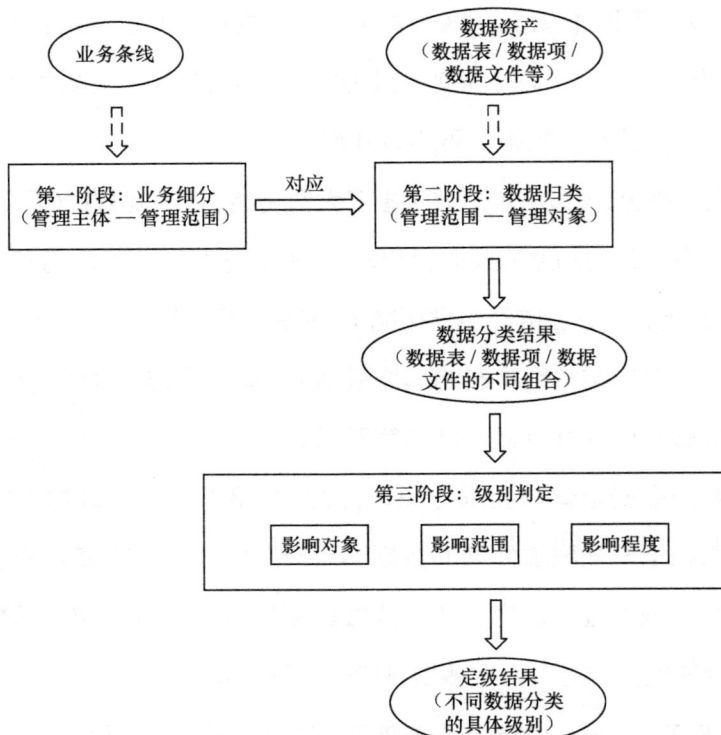

来源：中国证券监督管理委员会

图2-1 数据分类分级的基本流程

表2-1 数据定级规则

影响对象	影响范围	影响程度	数据一般特性	数据重要程度标识	数据级别标识
行业	多个行业	严重	数据主要用于行业内大型或特大型机构中的重要业务使用，一般针对特定人员公开，且仅为必须知悉的对象访问或使用	极高	四级
机构	行业内多机构	严重		极高	四级
客户	行业内多机构	严重		极高	四级
机构	本机构	严重	数据用于重要业务使用，针对特定人员公开，且仅为必要知悉的对象访问或使用	高	三级
客户	本机构	严重		高	三级

续表

影响对象	影响范围	影响程度	数据一般特性	数据重要程度标识	数据级别标识
机构	本机构	中等、轻微	数据用于一般行业使用，针对受限对象公开；一般指内部管理、办公类且不宜广泛公开的数据	中	二级
客户	本机构	中等		中	二级
机构	本机构	无	数据可被公开或可被公众获知、使用	低	一级
客户	本机构	轻微		低	一级

来源：中国证券监督管理委员会

（4）JR/T 0197—2020《金融数据安全 数据安全分级指南》

2020 年 9 月 23 日，中国人民银行发布《金融数据安全 数据安全分级指南》，该标准在金融数据分级中主要考虑影响对象与影响程度两个要素：影响对象列举了国家安全、公众权益、个人隐私、企业合法权益 4 种情况；影响程度从高到低分为严重损害、一般损害、轻微损害和无损害 4 个级别。影响程度应当综合考虑数据类型、数据特征和数据规模等因素。判断影响程度可以从以下 4 个方面考虑：一是国家安全层面；二是公众权益层面；三是个人隐私层面；四是企业合法权益层面。影响程度说明见表 2-2。安全影响评估需要综合考虑影响对象与影响程度两个要素，对数据安全性遭受破坏后对数据进行保密性评估、完整性评估和可用性评估。最终将金融数据从高到低划分为五级、四级、三级、二级、一级。数据安全定级规则见表 2-3。

表 2-2 影响程度说明

影响程度	参考说明
严重损害	• 可能导致危及国家安全的重大事件，发生危害国家利益或造成重大损失的情况 • 可能导致严重危害社会秩序和公众利益的事件，引发公众广泛诉讼等事件，或者导致金融市场秩序遭受严重破坏等情况 • 可能导致金融业机构遭到监管部门严重处罚，或者影响重要 / 关键业务无法正常开展的情况 • 可能导致重大个人信息安全风险、侵犯个人隐私等严重危害个人权益的事件

续表

影响程度	参考说明
一般损害	• 可能导致危害社会秩序和公众利益的事件，引发区域性集体诉讼事件，或者导致金融市场秩序遭到破坏等情况 • 可能导致金融业机构遭到监管部门处罚，或者影响部分业务无法正常开展的情况 • 可能导致一定规模的个人信息泄露、滥用等安全风险，或对个人权益可能造成一定影响的事件
轻微损害	• 可能导致个别诉讼事件，使金融业机构的经济利益、声誉等轻微受损 • 可能导致金融业机构部分业务临时性中断等情况 • 可能导致超出个人客户授权加工、处理、使用数据等情况，对个人权益造成部分或潜在影响
无损害	对企业合法权益和个人隐私等不造成影响，或仅造成微弱影响但不会影响国家安全、公众权益、金融市场秩序或者金融业机构各项业务正常开展

表 2-3　数据安全定级规则

最低安全级别参考	数据定级要素		数据一般特征
	影响对象	影响程度	
五级	国家安全	严重损害 / 一般损害 / 轻微损害	• 重要数据，通常主要用于金融业大型或特大型机构、金融交易过程中重要核心节点类机构的关键业务使用，一般针对特定人员公开，且仅为必须知悉的对象访问或使用 • 数据安全性遭到破坏后，对国家安全造成损害，或对公众权益造成严重损害
	公众权益	严重损害	
四级	公众权益	一般损害	• 数据通常主要用于金融业大型或特大型机构、金融交易过程中重要核心节点类机构的重要业务使用，一般针对特定人员公开，且仅为必须知悉的对象访问或使用 • 个人金融信息中的C3类信息 • 数据安全性遭到破坏后，对公众权益造成一般损害，或对个人隐私或企业合法权益造成严重损害，但不影响国家安全
	个人隐私	严重损害	
	企业合法权益	严重损害	
三级	公众权益	轻微损害	• 数据用于金融业机构关键或重要业务使用，一般针对特定人员公开，且仅为必须知悉的对象访问或使用 • 个人金融信息中的C2类信息 • 数据的安全性遭到破坏后，对公众权益造成轻微损害，或对个人隐私或企业合法权益造成一般损害，但不影响国家安全
	个人隐私	一般损害	
	企业合法权益	一般损害	
二级	个人隐私	轻微损害	• 数据用于金融业机构一般业务使用，一般针对受限对象公开，通常为内部管理且不宜广泛公开的数据 • 个人金融信息中的C1类信息 • 数据安全性遭到破坏后，对个人隐私或企业合法权益造成轻微损害，但不影响国家安全、公众权益
	企业合法权益	轻微损害	

续表

最低安全级别参考	数据定级要素		数据一般特征
	影响对象	影响程度	
一级	国家安全	无损害	• 数据一般可被公开或可被公众获知、使用 • 个人金融信息主体主动公开的信息 • 数据安全性遭到破坏后,可能对个人隐私或企业合法权益无损害,或仅造成微弱影响但不影响国家安全、公众权益
	公众权益	无损害	
	个人隐私	无损害	
	企业合法权益	无损害	

来源:中国人民银行

(5)GB/T 38667—2020《信息技术 大数据 数据分类指南》

2020年4月28日,国家市场监督管理总局、国家标准化管理委员会发布了《信息技术 大数据 数据分类指南》。该标准的主要作用在于为大数据的开发利用提供数据分类流程方法和多种分类维度。该标准一共划分了3种分类视角。**第一种是技术选型视角**。例如,按数据产生方式分为人工采集数据、信息系统产生数据、感知设备产生数据、原始数据、二次加工数据;按结构化特征分为结构化数据、非结构化数据、半结构化数据;按处理时效性分为实时处理数据、准实时处理数据和批量处理数据等。**第二种是业务应用视角**。例如,按数据产生来源分为人为社交数据、电子商务平台交易数据、移动通信数据、物联网感知数据、系统运行日志数据;按业务归属分为生产类、管理类、经营分析类业务数据;按流通类型分为可直接交易数据、间接交易数据、不可交易数据。**第三种是安全隐私保护视角**。主要根据数据内容的敏感程度将数据分为高敏感数据、低敏感数据、不敏感数据等,已经具有分级的色彩。

(6)TC260-PG-20212A《网络安全标准实践指南—网络数据分类分级指引》

2021年12月31日,全国信息安全标准化技术委员会发布了《网络安全标准实践指南—网络数据分类分级指引》。

在网络数据分类方面，该指引列举了 5 种分类维度：公民个人维度（个人信息、非个人信息）、公共管理维度（公共数据、社会数据）、信息传播维度（公共传播信息、非公共传播信息）、行业领域维度（各行业）、组织经营维度（用户数据、业务数据、经营管理数据、系统运行和安全数据），并进一步细化每一个维度中的子分类。

在数据分级方面，该指引主要从影响对象（国家安全、公共利益、个人合法权益、组织合法权益 4 个对象）和影响程度（严重危害、一般危害、轻微危害 3 个程度）两个要素综合考虑，将网络数据按照《数据安全法》第二十一条的标准分为核心数据、重要数据和一般数据。数据安全基本分级规则见表 2-4。

表 2-4　数据安全基本分级规则

基本级别	影响对象			
	国家安全	公共利益	个人合法权益	组织合法权益
核心数据	一般危害、严重危害	严重危害	—	—
重要数据	轻微危害	轻微危害、一般危害	—	—
一般数据	无危害	无危害	无危害、轻微危害、一般危害、严重危害	无危害、轻微危害、一般危害、严重危害

来源：全国信息安全标准化技术委员会

此外，该指引的亮点是提供了对一般数据进行进一步细分的参考标准。根据数据遭到破坏的危害程度将一般数据从高到低分为四级、三级、二级、一级 4 个级别（一般数据分级规则见表 2-5），并提出了对应不同级别的保护措施。例如，对于四级一般数据，应当按照批准的授权列表严格管理，仅能在受控范围内经过严格审批、评估后才可共享或传播。对于个人信息而言，该指引认为敏感个人信息不应低于四级，一般个人信息不应低于二级。此外，该指引还指导数据加工后的衍生数据定级，衍生数据包括脱敏数据、标签数据、统计数据和融合数据。其中脱敏数据和标签数据可以比原始数据集安全级别低，统计数据和融合数据的安全级别则一般需要提高。

表 2-5　一般数据分级规则

安全级别	对个人、组织合法权益的影响程度	保护措施
四级	严重危害	按照批准的授权列表严格管理，仅能在受控范围内经过严格审批、评估后才可共享或传播
三级	一般危害	仅能由授权的内部机构或人员访问，共享到外部需满足相关条件并获得相关方授权
二级	轻微危害	可在组织内部、关联方共享和使用，相关方授权后可向组织外部共享
一级	无危害	具有公共传播属性，可对外发布、转发传播，但也要考虑公开的数据量及类别，避免被用于关联分析

（7）《政务信息资源目录编制指南（试行）》

2017 年 6 月 30 日，国家发展和改革委员会、中共中央网络安全和信息化委员会办公室印发《政务信息资源目录编制指南（试行）》，为政务信息资源目录提供了 4 种分类方法：一是按照资源属性可以分为基础信息资源目录（例如，人口、自然资源、空间地理、社会信用等）、主题信息资源目录（例如，社会保障、食药安全、生态环保等主题）和部门信息资源目录；二是按照涉密属性可以划分为涉密政务信息资源目录和非涉密政务信息资源目录；三是按照共享属性可以分为无条件共享、有条件共享和不予共享 3 种类型；四是按照层级属性可以划分为部门政务信息资源目录和国家政务信息资源目录。

（8）《关键信息基础设施安全保护条例》

2021 年 4 月，国务院通过了《关键信息基础设施安全保护条例》。《网络安全法》《网络安全审查办法》等文件也规定了关键信息基础设施的重点保护要求，提出了许多针对关键信息基础设施运营者处理数据的特别规定。因此，通过对数据处理者是否属于"关键信息基础设施"的分级，也产生了数据分级的效果。在对关键信息基础设施的认定上，该条例第八条规定了认定的主体，是涉及的重要行业和领域的各主管部门、监督管理部门，即由各个领域、行业主管部门进行分散认定和分散管理。该条例第九条规定了认定关键信息基础设施应当考虑的 3 个因素：一是网络设施、信息系统等对于本行业、本领域关键核心业务的重要程度；二是网络设施、信息系统等一旦遭到破坏、丧失功能或者数据泄露可能带来的危害程度；三是对其他行业和领域的关联性影响。

（9）《中华人民共和国个人信息保护法》

《中华人民共和国个人信息保护法》（以下简称《个人信息保护法》）也采取了数据分类分级的思想，将个人信息划分为个人信息和敏感个人信息两级。《网络数据安全管理条例（征求意见稿）》第五条规定："国家对个人信息和重要数据进行重点保护，对核心数据实行严格保护。"由此可见，个人信息与重要数据处于并列关系，敏感个人信息（核心数据）则是重中之重。根据《个人信息保护法》第二十八条，敏感个人信息的定义与标准是"一旦泄露或者非法使用，容易导致自然人的人格尊严受到侵害或者人身、财产安全受到危害的个人信息"。并列举了典型的敏感个人信息，"包括生物识别、宗教信仰、特定身份、医疗健康、金融账户、行踪轨迹等信息，以及不满十四周岁未成年人的个人信息"。

（10）《汽车数据安全管理若干规定（试行）》

2021 年 8 月 16 日，国家互联网信息办公室等五部委联合发布的部门规章《汽车数据安全管理若干规定（试行）》。该规定通过列举的方法对数据分级中的"重要数据"进行了界定，包括："（一）军事管理区、国防科工单位以及县级以上党政机关等重要敏感区域的地理信息、人员流量、车辆流量等数据；（二）车辆流量、物流等反映经济运行情况的数据；（三）汽车充电网的运行数据；（四）包含人脸信息、车牌信息等的车外视频、图像数据；

（五）涉及个人信息主体超过 10 万人的个人信息；（六）国家网信部门和国务院发展改革、工业和信息化、公安、交通运输等有关部门确定的其他可能危害国家安全、公共利益或者个人、组织合法权益的数据。"而敏感个人信息包括"车辆行踪轨迹、音频、视频、图像和生物识别特征等信息"。

2. 地方层面

除了国家层面，近年来，我国各地方也纷纷探索数据分类分级，制定了一系列的地方标准、指南性文件。目前，我国各地方的数据分类分级规范主要聚焦于政府数据领域，为地方政府的数据管理、保护、开放进行指导。

（1）DB52/T 1123—2016 贵州省《政府数据 数据分类分级指南》

2016 年 9 月，贵州省在全国率先发布了地方标准《政府数据 数据分类分级指南》（以下简称《贵州指南》）。在分类方法上，《贵州指南》提出了主题分类、行业分类、服务分类 3 个分类维度，对于每个维度采用线分类法分为大类、中类和小类三级。主题分类维度下可以分为经济、政治等 23 个基础大类[1]。行业分类维度下可以分为农林牧渔业、采矿业等 24 个大类[2]。再进一步划分中类、小类。在分级方法上，《贵州指南》主要考虑政府数据对国家安全、社会稳定和公众安全的重要程度，数据是否涉及国家秘密、

1　按主题将贵州省政府数据分为以下基础大类：经济、政治、军事、文化、资源、能源、生物、交通、旅游、环境、工业、农业、商业、教育、科技、质量、食品、医疗、就业、人力资源、社会民生、公共安全、信息技术。

2　按行业将贵州省政府数据分为以下大类：农林牧渔业、采矿业、制造业、电力燃气及水的生产和供应业、建筑业、交通运输、仓储和邮政业、信息传输计算机服务和软件业、批发零售业、住宿和餐饮业、金融业、房地产业、租赁和商务服务业、科学研究、技术服务和地质勘查业、水利、环境和公共设施管理业、教育、卫生、社会保障和社会福利业、文化、体育和娱乐业、公共管理和社会组织、国际组织。

是否涉及用户隐私等敏感信息，以及遭到破坏后的危害程度。最终划分并对应为非敏感数据—公开数据，涉及用户隐私数据—内部数据，涉及国家秘密数据—涉密数据。在分级管理要求上，《贵州指南》提出对于公开数据服务部门应无条件共享，可以完全开放；对于内部数据，政府部门无条件共享，按国家法律法规决定是否开放，原则上在不违反国家法律法规的条件下，予以开放或脱敏开放；对于涉密数据，按国家法律法规处理，决定是否共享，可以根据要求选择政府部门条件共享或不予共享；原则上不允许开放，对于部分需要开放的数据，进行脱密处理，且控制数据分析类型。

（2）上海市《上海市公共数据开放分级分类指南（试行）》

2019年11月，上海市发布《上海市公共数据开放分级分类指南（试行）》（以下简称《上海指南》）。《上海指南》的侧重点在于公共数据的开放上，可以指导各级政府、事业单位和公用事业运营单位面向社会开放数据的分级分类。在开放类别上，分为无条件开放类、有条件开放类和非开放类3种（实质上是对数据的分级管理措施）。数据适用哪一种开放类别，主要从3个维度判断。一是在个人维度上，对匿名非敏感数据适用无条件开放，对非匿名非敏感数据和匿名敏感数据适用有条件开放，对非匿名敏感数据适用非开放。二是在组织维度上，对于可以从公开途径获取或法律法规授权公开的数据适用无条件开放；对于数据用于支撑组织运营管理和业务开展，或可以反映出组织经营状况，在特定范围内对象知晓的数据适用有条件开放；对于数据涉及组织核心利益，数据泄露会对组织造成财务、声誉、技术等方面的影响适用非开放；三是在客体维度上，可以从公开途径获取或者法律法规授权公开的数据适用无条件开放；数据开放风险低，对公共秩序、公共利益影响较小，或者数据开放风险中等，数据非授权操作后会对个人、企业、其他组织或国家机关运作造成损害的数据适用有条件开放；对于数据开放风险较高，数据非授权操作后会对个人、企业、其他组织或国家造成严重损害的数据适用非开放。对于非开放类数据，经脱敏、匿名等处理后符合开放要求的，可以将处理后的数据重新分级，纳入无条件开放或有条件开放类后开放。在不同级别的数据混合，或产生数据融合风险（例如，两个匿名数据融合后成为能识别特定个人的个人信息），或同一数据在不同维度的分级结果不同的情况下，应当遵循就高不就低的原则。

（3）浙江省 DB33/T 2351—2021《数字化改革 公共数据分类分级指南》

2021 年 7 月，浙江省市场监督管理局发布《数字化改革 公共数据分类分级指南》（以下简称《浙江指南》）。

在数据分类方面，《浙江指南》提出了 4 个分类维度，每个维度包含多种分类方法：一是从数据管理维度，可以按数据产生频率、产生方式、结构化特征、存储方式和质量要求进行数据分类；二是从业务应用维度，可以从数据产生来源、所属行业、应用领域、使用频率、共享属性和开放属性进行数据分类；三是从安全保护维度，可以分为核心数据、重要数据和一般数据；四是从数据对象维度，按个人可以分为属性数据和行为数据，按不同类型的组织可以分为属性数据和业务数据，按其他客观实体可以分为属性数据和感应数据。

在数据分级方面，《浙江指南》由高到低将数据分为敏感数据（L4 级）、较敏感数据（L3 级）、低敏感数据（L2 级）和不敏感数据（L1 级）。判断标准主要考虑 3 个方面，即在公共数据破坏后，对全社会、多个行业、行业内多个组织造成的影响，对单个组织的正常运作造成的影响，以及对人身和财产安全、个人名誉造成的影响。

此外，《浙江指南》还从动态角度列举了造成数据级别变更的主要因素，包括数据聚合因素（指对不同的数据汇聚并进行分析处理的，应当重新定级，聚合数据级别一般不应低于原始数据的最高级别，以及原则上禁止提供原始数据）、数据加工因素（加工后与原始数据差异较大的，应重新定级）、体量因素和时效因素。

（4）《雄安新区数据资源分类分级指南》

雄安新区作为高标准打造的智慧城市标杆，发布的《雄安新区数据资源分类分级指南》（以下简称《雄安指南》）颇受关注。

在数据分类方法上，《雄安指南》提出了按数据资源属性分类（包括按主题分类、部门分类和资源形态分类3种）和按应用属性分类（包括行业分类和服务分类，服务分类又可细分为公众服务、服务方式、服务支撑与政府资源管理4种）。

数据安全等级模型如图2-2所示，将数据分级与分类相结合，在分类的基础上进行分级，可分为两个阶层递进的分级方法：第一步是针对不同行业数据类型划分不同的数据安全等级范围；第二步是对数据内容类型进

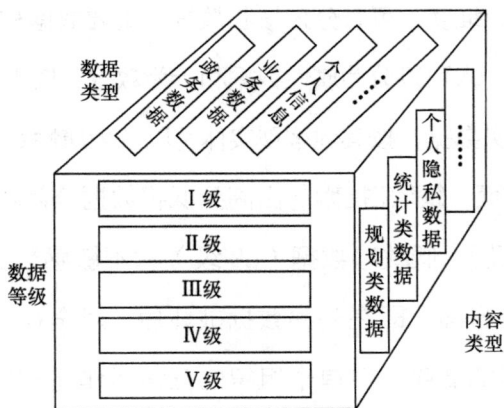

来源：雄安新区管理委员会

图2-2 数据安全等级模型

行分析，结合各行业数据内容对应的数据特点判断数据泄露后所造成的影响，从而确定数据的安全级别。在数据分级的考虑因素上，主要考虑以下 3 个方面：一是影响对象，划分为个人、组织与行业；二是影响范围，划分为个人利益、公共利益、社会秩序与国家安全；三是影响程度，即数据的安全属性（完整性、机密性、重要程度）遭到破坏后的影响大小，划分为特别严重、严重、中等、轻微、无。根据以上 3 个方面和数据的公开与使用范围将数据资源由高到低划分为 V 级、IV 级、III 级、II 级、I 级（数据定级规则见表 2-6），并采取相应的管控措施（数据等级管控要求见表 2-7）。

表 2-6　数据定级规则

影响对象	影响范围	影响程度	数据特征	重要程度	数据等级
行业	国家安全	特别严重	数据仅针对特殊人员公开，且仅为必须知悉的对象访问或使用	极高	V 级
组织	国家安全	特别严重		极高	V 级
个人	国家安全	特别严重		极高	V 级
行业	社会秩序	严重	数据仅针对内部人员公开，且仅为必须知悉的对象访问或使用	高	IV 级
组织	社会秩序	严重		高	IV 级
个人	社会秩序	严重		高	IV 级
行业	社会秩序	中等、轻微	数据针对内部人员公开，且仅限内部人员访问或使用	较高	III 级
组织	社会秩序	中等、轻微		较高	III 级
个人	社会秩序	中等、轻微		较高	III 级
行业	公共利益	中等、轻微	数据针对内部人员公开，且仅限内部人员访问或使用	较高	III 级
组织	公共利益	中等、轻微		较高	III 级
个人	公共利益	中等、轻微		较高	III 级
行业	个人利益	轻微	数据有条件地公开，可被公众获知、使用	中	II 级
组织	个人利益	轻微		中	II 级
个人	个人利益	轻微		中	II 级
行业	个人利益	无	数据完全公开，可被公众获知、使用	低	I 级
组织	个人利益	无		低	I 级
个人	个人利益	无		低	I 级

来源：雄安新区管理委员会

表 2-7　数据等级管控要求

数据等级	共享要求	开放要求
Ⅰ级	无条件共享	可以完全开放
Ⅱ级	原则上政府部门无条件共享，部分涉及公众的敏感个人数据可以有条件共享	按国家法律法规决定是否开放，对于涉及公众的敏感个人数据须脱敏后开放
Ⅲ级	原则上政府部门无条件共享，部分涉及企业和其他组织权益的敏感数据可以有条件共享	按国家法律法规决定是否开放，对于涉及个人、企业和其他组织权益的敏感数据有条件开放
Ⅳ级	按国家法律法规决定是否共享，可以根据要求选择政府部门条件共享或不予共享	原则上不允许开放，由于法律法规要求确需开放的数据，须对涉密数据进行脱密处理
Ⅴ级	不可以进行共享	不允许开放

来源：雄安新区管理委员会

第三节　数据分类分级的域外实践

1. 美国：聚焦于公共／政府数据的分类保护与开放

（1）美国第 13526 号行政令《国家安全信息保密》

美国前任总统奥巴马于 2009 年签署了第 13526 号行政令。该行政令就美国政府拥有的国家安全信息进行分类。依据信息泄露可能造成的损害程度将国家安全信息从高到低分成三类（级）：最高机密、机密、秘密。该分类方法的客体是"国家安全信息"，本身已经包含了一次数据分级。因此，判定一个数据／数据集是否属于"国家安全信息"应当是第一步，第 13526 号行政令第 1.4 节采用了定义＋负面清单的方式进行说明。定义即是"可以合理地预期其未经授权的披露会对国家安全造成可识别或可描述的损害"。典型情况包含以下 8 种：（a）军事计划、武器系统或行动；（b）外国政府信息；（c）情报活动（包括秘密行动）、情报来源或方法，或密码学；（d）美国的对外关系或对外活动，包括机密消息来源；（e）与国家安全有关的科学、技术或经济事项；（f）美国政府的核材料或核设施保障计划；

（g）与国家安全有关的系统、装置、基础设施、项目、计划或保护服务的漏洞或能力；（h）开发、生产或使用大规模杀伤性武器。

（2）美国第 13556 号行政令《受控非密信息》

2010 年 11 月，奥巴马发布了第 13556 号行政令，要求建立一个统一的计划，对美国联邦政府掌握的，虽然不符合前述的涉密定级的条件，但仍需要一定程度保护的信息，即受控非密信息（Controlled Unclassified Information，CUI）进行分类分级管理和保护。CUI 计划采取了中心化的管理方法。CUI 计划主要由美国国家档案和记录管理局（NARA）执行，建立一个 CUI 登记册用以反映 CUI 的类别、标记、适用的保护措施、进行共享与类别的调整。各个行政部门向 NARA 提交 CUI 类别和标记等信息，经 NARA 批准后生效，从而实现 CUI 类别和子类别在整个行政部门范围内的统一[1]。目前，CUI 目录共分为 20 个大类，分别是关键基础设施、国防、出口管制、金融、移民、情报、国际协议、执法、法律、自然和文化资源、北约、原子能、专利、隐私、采购和收购、专有商业信息、安全、统计、税收、运输。CUI 计划将传播限制分为以下 10 种情况：不对外传播、仅限联邦雇员、仅限联邦雇员和承包商、不得向联邦承包商传播、仅限向清单内的个人或实体传播、可以由信息披露官员发布、仅授权向某些公众发布、仅可展示、仅客户的律师可见和律师工作产品。CUI 的类别和传播限制方式都需要通过标准化的方式标识。

（3）美国 FIPS PUB 199《联邦信息和信息系统安全分类标准》

为了符合《2002 年电子政务法》等法律的需要，美国国家标准与技术

---

1 完颜邓邓，陶成煦. 美国政府数据分类分级管理的实践及启示 [J]. 情报理论与实践，2020，43（12）：172–177+155.

研究院（NIST）于2004年颁布了《联邦信息和信息系统安全分类标准》（以下简称《199号标准》）。《199号标准》实质上提供了数据安全性的分级判断方法和标准表达公式，目前适用于包括前述的CUI计划和《开放政府数据法案》等涉及政府数据的措施。《199号标准》针对数据安全性提出了3个指标，即保密性、完好性/可信度、可用性，根据一旦出现安全漏洞对组织和个人的潜在影响划分了低、中、高3个等级，并提出了数据安全类别的表达公式：SC信息类型 ={（保密性，影响），（完好性/可信度，影响），（可用性，影响）}。安全目标的潜在影响的定义见表2-8。

表2-8　安全目标的潜在影响的定义

安全指标	潜在影响		
	低	中	高
保密性 保护对信息访问和披露的授权限制，包括保护个人隐私和专有信息	预计未经授权的信息披露可能会对组织运作、组织资产和个人产生有限的不利影响	预计未经授权的信息披露可能会对组织运作、组织资产和个人产生严重的不利影响	预计未经授权的信息披露可能会对组织运作、组织资产和个人产生严重或灾难性的不利影响
完好性/可信度 防止不正当的信息修改和破坏，包括确保信息的不可抵赖性和真实性	预计未经授权的信息修改或破坏可能会对组织运作、组织资产和个人产生有限的不利影响	预计未经授权的信息修改或破坏可能会对组织运作、组织资产和个人产生严重的不利影响	预计未经授权的信息修改或破坏可能会对组织运作、组织资产和个人产生严重或灾难性的不利影响
可用性 确保及时和可靠地获取和使用信息	对信息或信息系统的访问或使用的中断，预计会对组织运作、组织资产或个人产生有限的不利影响	对信息或信息系统的访问或使用的中断，预计会对组织运作、组织资产或个人产生严重的不利影响	对信息或信息系统的访问或使用的中断，预计会对组织运作、组织资产或个人产生严重或灾难性的不利影响

来源：美国国家标准与技术研究院（NIST）

2. 欧盟：构建个人数据与非个人数据二元双轨框架

欧盟在进行立法实践过程中，对于产生于本土的数据的最基本的分类方法是个人数据与非个人数据的二分法，并且对于这两类数据采取了截然不同的态度。对于个人数据，欧盟主要通过《通用数据保护条例》采取严格的保护措施，构建了一系列制度全面且加强对个人数据的保护，被公认为全球最严格的个人信息保护法律。而对于非个人数据，2018年10月4日，欧盟通过了《非个人数据自由流动框架条例》，促进非个人数据在欧盟全域的自由流动和充分利用，以构建"单一数字市场"，试图弥补欧洲在数字经济方面的劣势。欧盟的这一做法着重体现了其在文化与价值观上对个人数据和个人权利的重视。

总体来说，欧盟尚无明确的数据分类分级制度，但相关思想也在许多文件中显现。

（1）《欧盟数据战略》

2020年，欧盟委员会发布了《欧盟数据战略》。《欧盟数据战略》的主要目的是提振欧洲的数字经济，构建单一数字市场，其中也包含了数据分类分级思想。《欧盟数据战略》在建立数据访问和使用的跨部门治理框架中指出，"在遵守《通用数据保护条例》的前提下，促进关于哪些数据可以用于科研目的、如何使用，以及由谁使用的决策。这对于《开放数据指令》中未涵盖的但包含敏感数据的公共数据库尤其重要"，体现了数据分级治理的意图。此外，《欧盟数据战略》还提出构建9种欧盟共同数据空间，分别是工业（制造业）共同数据空间、《欧洲绿色协议》共同数据空间、出行共同数据空间、医疗卫生共同数据空间、金融共同数据空间、能源共同数据空间、农业共同数据空间、公共行政共同数据空间、技能共同数据空间。这9种共同数据空间展现了欧盟高度关注的领域和基本的分类思路。

（2）《开放数据指令》

2019年，欧盟通过了《开放数据指令》，该指令显著改善了公共部门和公共资助数据的可用性和创新性使用，从而有助于推动人工智能等数据密集型技术的发展[1]。在研究数据开放问题时，《开放数据指令》提出了一个原则为"尽可能开放，必要时封闭"。《开放数据指令》还列出了公共部门持有的6种高价值数据集主题类别，包括地理空间数据、地球观测与环境数据、气象数据、统计数据、公司和公司所有权数据，以及流动性数据。

（3）《数据治理法》

《数据治理法》的第二章旨在规范公共部门持有的某些类别的受保护数据的再利用。《数据治理法》第二章第三条规定了适用于该法的受公共部门持有与保护的可再利用的数据类别，包括：（a）商业机密；（b）统计机密；（c）第三方知识产权保护数据；（d）个人数据。不适用于该再利用规则的数据类型有：（a）公共事业单位持有的数据；（b）公共服务广播公司及其子公司或附属机构为履行公共服务广播职责而持有的数据；（c）文化机构和教育机构持有的数据；（d）出于国家安全、国防或公共安全原因而受保护的数据；（e）提供的数据属于相关公共部门机构的公共任务范围之外的活动，由欧盟相关成员国的法律或其他具有约束力的规则定义，或者在没有此类规则的情况下，定义为与该成员国的共同行政实践相一致的数据，前提是公共任务的范围是透明的并可以接受审查。这两大类的数据分类产生了分级保护的效果，对于前者适当宽松，允许通过一定的机制再利用；对于后者维持比较严格的保护措施。

（4）《数据法案》

2022年，欧盟委员会公布了《数据法案》。《数据法案》旨在落实欧洲

---

1 刘耀华.欧盟通过共享公共部门数据的新规则 [EB/OL]. 2019-5-8.

数据战略，促进欧盟内部数据的流动、共享和利用。数据分类分级的思想贯穿于《数据法案》全文。《数据法案》规定了对于用户在使用产品或服务过程中产生的数据，企业应当无条件地提供给用户，或用户指定的第三方，保障数据主体的访问权和可携带权。然而对于涉及商业秘密的数据，则只有采取必要的措施进行保护才可披露，向第三方传输则仅在为实现用户与第三方约定目的的绝对必要范围内，且采取保护措施后才可以提供。此外，企业对用户和对企业共享数据义务的范围，还不包括小微企业提供的产品/服务所产生的数据，从产品/服务提供方的角度对数据进行分级，从而达到保护小微企业的目的。

第三章 重要数据保护

重要数据是首次在《网络安全法》中提出的概念，《数据安全法》对重要数据进行了进一步的补充完善，使这一制度初步成型。

第一节 什么是重要数据

明确的重要数据制度是一个阶段性成绩。有关部门通过 3 个阶段相关工作，实现了重要数据制度的规划和完善，对于我国数据分类分级整体工作的推进和落实具有重大的现实意义。

1. 第一阶段为重要数据的明确提出阶段

2015 年 8 月，国务院印发《促进大数据发展行动纲要》，明确提出数据是国家战略性基础资源，指出了数据对于经济发展、国家竞争优势、政府治理能力的重要作用。2016 年 11 月，**《网络安全法》出台即初步提出了"重要数据"的概念**，其中在"网络安全等级保护"要求中明确：网络运营者应当按照网络安全等级保护制度的要求，采取数据分类、重要数据备份和加密等措施履行网络安全等级保护义务；另外在数据跨境流动管理部分明确了关键信息基础设施运营者的重要数据应当履行的跨境传输安全评估义务。《网络安全法》在这一阶段深刻落实了党中央、国务院对于数据保护的重点关切，通过首次提出"重要数据"的概念，明确了大数据在规划发展应用方面的底线思维。

2. 第二阶段为重要数据制度的初步确立阶段

从国际来看，全球主要国家之间争夺数据资源的动向频频。2018 年，美国《澄清域外合法使用数据法》和欧盟《通用数据保护条例》的生效正式将数据争夺战推向了更加显性化的态势。从国内来看，无论是跨境数据流动监管要求的落实，还是网络安全等级保护义务的履行，"重要数据"的进一步明确都是关键环节，也是各类企业在实践中重点关注的一个具体问题。我国需要在数据领域对国内外情况及时做出应对。为了进一步落实《网络安全法》，也为了契合数据安全问题逐渐聚焦和突出的整体趋势，**我国在 2021 年制定出台了《数据安全法》，首次对重要数据制度做出全面完善的阐述。** 根据《数据安全法》的要求，重要数据制度以目录的形式和 3 项强化性要求进行具体落实和严格保护。目录形式是指国家数据安全工作协调机制统筹协调制定重要数据目录，同时各地区、各部门要制定重要数据的具体目录。3 项强化性要求是指重要数据处理者除了要履行《数据安全法》中规定的所有一般数据处理者都要履行的要求，还要履行明确数据安全负责人和管理机构、定期开展风险评估、出境安全管理 3 项重点义务。《数据安全法》较为系统性地明确了重要数据制度，根据规定，主要倾向于自上而下的目录形式，以及义务加强型的严格保护要求。

3. 第三阶段为重要数据制度的具体落实阶段

在《数据安全法》出台之后，为了具体落实数据安全相关要求，相关行政法规、部门规章的制定工作不断加速推进，有关部门公布了多个细化的立法规定，**其中对"重要数据"制度做出了进一步的细化和完善。** 例如《网络数据安全管理条例（征求意见稿）》中明确了"重要数据"的具体内涵、范围、保护要求，将重要数据制度落到实处；《工业和信息化领域数据安全管理办法（试行）》中明确了重要数据的判定标准及形成工业和信息化领域重要数据具体目录的程序和要求，较为完善地细化了工业和信息化领域的重要数据体系。

第二节　如何保护重要数据

立法对于重要数据更加严格的保护充分体现在管理形式和管理要求中。相较于一般数据来说，以《数据安全法》为依据，相关制度明确了更加系统的管理规定。

1.《数据安全法》

《数据安全法》以目录的形式针对重要数据提出了更严格和明确的保护制度。目录是保护重要数据的基本形式。《数据安全法》明确了国家数据安全工作协调机制统筹协调有关部门制定重要数据目录，同时，以数据分类分级保护制度为基础，各地区、各部门还应当确定本地区、本部门，以及相关行业、领域的重要数据具体目录。下一步，为了实现国家、各地区、各部门之间在重要数据目录上的统一管理，应当先由国家层面确定重要数据的整体目录及确定标准，再由各地区、各部门根据国家层面的整体目录确定相关行业、领域的重要数据具体目录，以实现监管的一致性和协调性。**对重要数据的保护要求强于一般数据类型**。重要数据处理者除了要遵循所有针对一般数据规定的保护义务，还应当遵循以下针对性义务：一是明确数据安全负责人和管理机构，重要数据处理者应当在其内部做出明确的责任划分，落实数据安全保护责任；二是进行风险评估，重要数据处理者应当按照规定对其数据处理活动定期开展风险评估，并向有关主管部门报送风险评估报告，风险评估报告应当包括处理的重要数据的种类、数量，开展数据处理活动的情况，面临的数据安全风险及其应对措施等；三是遵守跨境数据流动管理要求，《数据安全法》补充和改善了重要数据的跨境数据流动管理，在《网络安全法》第三十七条的基础之上，规定"其他数据处理者在中华人民共和国境内运营中收集和产生的重要数据的出境安全管理办法，由国家网信部门会同国务院有关部门制定"。

2.《网络数据安全管理条例（征求意见稿）》

为进一步落实《网络安全法》《数据安全法》《个人信息保护法》等法律关于数据安全管理的规定，规范网络数据处理活动，保护个人、组织在网络空间的合法权益，维护国家安全和公共利益，国家互联网信息办公室于 2021 年 11 月公布了《网络数据安全管理条例（征求意见稿）》，进一步细化了重要数据的概念、范围和强化保护制度。

根据《网络数据安全管理条例（征求意见稿）》，重要数据是指一旦遭到篡改、破坏、泄露或者非法获取、非法利用，可能危害国家安全、公共利益的数据，从列举的类别来看，重要数据具有以下 3 种特征。

第一，范围广。重要数据主要明确了六大类涉政、涉重点行业和涉重点设施等相关数据：未公开的政务数据、工作秘密、情报数据和执法司法数据；出口管制数据；立法保护的国家经济运行数据、重要行业业务数据、统计数据等；基因、地理、矿产等国家基础数据；国家基础设施、敏感区域数据；另外，《网络数据安全管理条例（征求意见稿）》中还通过兜底性条款，将其他与"总体国家安全观"相关的数据都列入其中。

第二，数量大。重要数据涉及经济、政治、社会、设施、出口、个人等方面的多个子类型数据，涉及人数多、业务广、时间跨度长，从数量上来说，应当是非常巨大的数据体量。

第三，种类杂。在重要数据的类型中，有些是比较明确的，例如基因数据、统计数据、出口管制数据等，但是有些是需要进一步明确的，例如什么是工作秘密，是政府机关掌握的，还是企业掌握的？工作秘密的标准是由监管部门确定，还是由企业自己确定？只有进一步明确之后，才能划定具体范围。

根据《网络数据安全管理条例（征求意见稿）》，对于重要数据的保护要强于一般数据的保护标准，主要的保护义务如下。

第一，设置专门的组织机构和人员，提供有针对性的保护。重要数据处理者，应当明确数据安全负责人，同时成立数据安全管理机构。数据安全管理机构在数据安全负责人的领导下，履行决策建议、制订保护计划和应急预案、监测和处置数据安全风险、组织宣传教育培训等活动，同时还要按照要求向监管部门报告数据安全的情况。

第二，应当履行备案义务。重要数据处理者，应当识别自己的重要数据，并且在识别出重要数据后的 15 个工作日内进行备案，备案机构为设区的市级网信部门，备案内容包括数据处理者、专门管理机构、专门负责人的相关信息，处理重要数据的目的、方式、规模等相关信息，以及其他监管部门要求的内容。

第三，应当履行安全评估义务。评估方式为自行评估或者委托数据安全服务机构评估；评估频率是每年开展一次，要在每年 1 月 31 日前报送上一年度的数据安全评估报告，且评估报告应当至少保留 3 年；监管部门为设区的市级网信部门。评估内容主要涉及重要数据的处理情况、安全风险和处置措施、管理制度、防护措施等具体情况。另外，对于共享、交易、委托处理、向境外提供重要数据的安全评估，还应当重点关注这些处理活动的合法、正当、必要性，以及潜在的重大风险、数据接收方的详细情况等重点内容，以确保重要数据的处理活动不危害国家安全、经济发展和公共利益，否则不能通过评估，也不能进行共享、交易、委托处理和向境外提供。

第四，应当履行审批义务。数据处理者共享、交易、委托处理重要数据的，应当征得设区的市级及以上主管部门同意；主管部门不明确的，应当征得设区的市级及以上网信部门同意。

第四章　数据安全风险评估、报告、信息共享、监测预警机制

当前，网络空间大国战略竞争加剧，增强网络防御能力和数据安全风险把控能力成为摆在各国面前共同的难题。我国《数据安全法》建立了数据安全风险评估、报告、信息共享、监测预警机制，通过对数据安全风险信息的获取、分析、研判、预警，实现数据安全事前、事中保障。《数据安全法》第二十二条规定，"国家建立集中统一、高效权威的数据安全风险评估、报告、信息共享、监测预警机制。国家数据安全工作协调机制统筹协调有关部门加强数据安全风险信息的获取、分析、研判、预警工作"。为了落实《数据安全法》的要求，中央和地方政府陆续出台法律法规对数据安全风险评估、报告、信息共享、监测预警机制予以细化和完善。本章将深入解析数据安全风险评估、报告、信息共享、监测预警机制的基本概念与制度构建、中央和地方政府对数据安全风险评估、报告、信息共享、监测预警机制的落实，并探讨欧美各国在增强网络防御能力和数据安全风险把控方面的最新趋势。

第一节　基本概念与制度构建意义

《数据安全法》构建了数据安全风险评估、报告、信息共享、监测预警机制。该部分将先讨论该制度涉及的基本概念与制度内容、制度主体和制

度构建意义。

1. 基本概念与制度内容

《数据安全法》第二十二条明确了建立数据安全风险评估、报告、信息共享、监测预警机制的要求，其中涉及数据安全风险信息的获取、分析、研制、预警工作。我们有必要厘清相关概念。

（1）数据安全风险评估及其报告

数据安全风险评估、报告、信息共享、监测预警的前提是识别数据安全风险。《数据安全法》第三条给出了数据安全的明确定义，数据安全是指通过采取必要措施，确保数据处于有效保护和合法利用的状态，以及具备保障持续安全状态的能力。顾名思义，数据安全风险是数据安全面临的各种威胁和挑战。涉及风险基础安全的数据显示，2020年全球数据泄露达到360万亿条，数据安全事件频发，数据安全形势日益严峻。与传统的网络安全威胁相比，数据安全威胁更加多样化，不再局限于利用安全漏洞、恶意流量、病毒木马等攻击手段，数据安全问题集中发生在特权账号弱口令、数据权限滥用、应用程序接口（Application Program Interface，API）攻击等方面[1]。

数据安全风险评估是网络安全风险评估的重要组成部分，既可以融合也可以构建独立评价体系使其单独运转。《数据安全法》第三十条对重要数据处理者的风险评估报告做出规定，风险评估报告应当包括处理的重要数据的种类、数量，开展数据处理活动的情况，面临的数据安全风险及其应对措施等。本条规定的实际要求是在重要数据处理者定期报送风险评估报

1　中国信息通信研究院云计算与大数据研究所，奇安信科技集团股份有限公司. 数据安全风险分析及应对策略研究（2022年）[R].2022.

告的基础上，从国家层面统筹对我国境内数据安全风险的全面评估，并向中央国家安全领导机构等进行报告和信息共享[1]。

（2）数据安全监测预警机制

数据安全监测预警机制是指基于数据安全风险信息的信息源，通过采用各种技术手段持续动态地监测风险与恶意行为，由及时提供告警的机构、制度、网络、举措等共同组成的机制，其作用在于能够促进实现提前反馈，及时布防，防止或减少风险发生的可能性，最大限度地消除或降低事故发生的概率。

在《数据安全法》施行之前，《网络安全法》等已经对网络安全监测预警制度做出相关规定，《数据安全法》在此基础上予以补充和完善。《网络安全法》在"国家—行业—省级政府"3个层面上对网络安全监测预警制度予以明确规定。一是要求国家建立网络安全监测预警和信息通报制度，国家网信部门应当统筹协调有关部门加强网络安全信息收集、分析和通报工作，按照规定统一发布网络安全监测预警信息。二是负责关键信息基础设施安全保护工作的部门，应当建立健全本行业、本领域的网络安全监测预警和信息通报制度，并按照规定报送网络安全监测预警信息。三是在网络安全事件发生的风险增大时，省级以上人民政府应当要求有关部门、机构和人员及时收集、报告有关信息，加强对网络安全风险的监测。此外，GB/T 36635—2018《信息安全技术 网络安全监测基本要求与实施指南》规定了网络安全监测的基本要求，给出了网络安全监测框架和实施指南；工业和信息化部为加强和规范公共互联网网络安全威胁监测与处置工作，公布

---

1 龙卫球，周学峰，赵精武.中华人民共和国数据安全法释义[M].北京：中国法制出版社，2021.

《公共互联网网络安全威胁监测与处置办法》；中央网信办公布《国家网络安全事件应急预案》，对"监测与预警"进行了专章规定，规定了预警分级、预警监测、预警研判和发布、预警响应和预警解除。

《数据安全法》在此基础上又规定了数据安全领域的监测预警制度。第二十九条规定，"开展数据处理活动应当加强风险监测，发现数据安全缺陷、漏洞等风险时，应当立即采取补救措施；发生数据安全事件时，应当立即采取处置措施，按照规定及时告知用户并向有关主管部门报告"。

2. 制度主体

《数据安全法》第二十二条规定，"国家建立集中统一、高效权威的数据安全风险评估、报告、信息共享、监测预警机制。国家数据安全工作协调机制统筹协调有关部门加强数据安全风险信息的获取、分析、研判、预警工作。"

制度主体涉及"国家"和"有关部门"。根据《数据安全法》第五、六条确定的数据安全监管机构，可以推断"数据安全风险评估、报告、信息共享、监测预警机制"的主体包含中央和地方各级政府，工业、电信、交通、金融、自然资源、卫生健康、教育、科技等主管部门，公安机关、国家安全机关，国家网信部门等。关于"国家数据安全工作协调机制"，《数据安全法》第五条规定，由中央国家安全领导机构建立国家数据安全工作协调机制。

这种国家层面的监测预警机制，有利于对数据安全风险展开集中治理。但在具体实施上，数据处理者对有关部门依法开展的数据安全风险评估、报告、信息共享、监测预警相关工作应当予以配合。因此，从广义上讲，各类企业、组织和处理数据的个人也可以纳入主体范围。

3. 制度构建意义

建立集中统一、高效权威的数据安全风险评估、报告、信息共享、监测预警机制有利于有效应对境内外数据安全风险，建立健全国家数据安全管理制度，完善国家数据安全治理体系。**从制度衔接来看**，数据安全风险评估、报告、信息共享、监测预警机制是国家安全制度的组成部分。《中华人民共和国国家安全法》（以下简称《国家安全法》）第四章第三节建立了风险预防、评估和预警的相关制度，规定国家制定完善应对各领域国家安全风险预案。数据安全风险评估、报告、信息共享、监测预警机制是《国家安全法》规定的风险预防、评估和预警相关制度在数据安全领域的具体落实。**从保护阶段来看**，数据安全风险评估、报告、信息共享构成了数据安全保护的事前保护义务，监测预警机制构成了数据安全保护的事中保护义务[1]。《网络数据安全管理条例（征求意见稿）》第三十二条对数据安全风险评估报告的内容、重点评估内容等做出具体要求；工业和信息化部《互联网网络安全信息通报实施办法》对信息报送做出具体要求；《信息安全技术 网络安全监测基本要求与实施指南》《公共互联网网络安全威胁监测与处置办法》《国家网络安全事件应急预案》明确了监测预警的具体要求。

《网络安全法》也构建了类似的制度，二者分别是对《国家安全法》第四章第三节中的风险预防、评估和预警相关制度在数据安全、网络安全领域的细化与落实。《网络安全法》第五十一条规定，"国家建立网络安全监测预警和信息通报制度。国家网信部门应当统筹协调有关部门加强网络安全信息收集、分析和通报工作，按照规定统一发布网络安全监测预警信息"。第五十二条规定，"负责关键信息基础设施安全保护工作的部门，应

1　方禹．《数据安全法》为全球数据安全治理贡献中国智慧和中国方案 [EB/OL]. 2021-6-15.

当建立健全本行业、本领域的网络安全监测预警和信息通报制度，并按照规定报送网络安全监测预警信息"。第五十三条规定，"国家网信部门协调有关部门建立健全网络安全风险评估和应急工作机制，制定网络安全事件应急预案，并定期组织演练"。因此，《数据安全法》中的数据安全风险评估、报告、信息共享、监测预警制度与《网络安全法》中的网络安全监测预警、信息通报、风险评估制度分别是对《国家安全法》第四章第三节中的风险预防、评估和预警相关制度在数据安全、网络安全领域的细化与落实，属于建立健全国家安全管理制度、完善国家安全治理体系的重要组成部分。

第二节　数据安全风险机制的细化与实施

为了落实《数据安全法》的要求，中央层面出台了数据安全相关的行政法规、部门规章等，各省（自治区、直辖市）结合各自地区的实际发展情况，颁布了相关数据条例，对数据安全风险评估、报告、信息共享、监测预警机制予以细化和实施。

1.中央层面对数据安全风险机制的细化

从中央层面看，《关键信息基础设施安全保护条例》《汽车数据安全管理若干规定（试行）》陆续颁布并实施，在关键基础设施安全领域和汽车数据安全领域完善和细化了对数据安全风险评估、报告、信息共享、监测预警机制的规定。此外，国家互联网信息办公室还公布了《网络数据安全管理条例（征求意见稿）》，对于数据安全评估予以较为明确的规定。

（1）《网络数据安全管理条例（征求意见稿）》

2021年11月14日，国家互联网信息办公室发布了《网络数据安全管理条例（征求意见稿）》，从以下3个方面对数据安全风险评估、报告、信息共享、监测预警机制予以细化和补充。

第一，从国家和行业层面构建数据安全风险和威胁监测预警机制。在国家层面，国家建立健全数据安全应急处置机制，完善网络安全事件应急预案和网络安全信息共享平台，将数据安全事件纳入国家网络安全事件应急响应机制，加强数据安全信息共享、数据安全风险、威胁监测预警，以及数据安全事件应急处置工作。在行业层面，工业、电信、交通、金融、自然资源、卫生健康、教育、科技等主管部门应当定期组织开展本行业、本领域的数据安全风险评估，对数据处理者履行数据安全保护义务情况进行监督检查，指导督促数据处理者及时对存在的风险隐患进行整改。

第二，该征求意见稿规定了"处理重要数据或者赴境外上市的数据处理者"的数据安全评估义务，并将其数据安全评估分为两类：定期评估和场景评估。一是定期评估。处理重要数据或者赴境外上市的数据处理者，应当自行或者委托数据安全服务机构每年开展一次数据安全评估，并在每年1月31日前将上一年度数据安全评估报告报设区的市级网信部门，年度数据安全评估报告的内容包括：（一）处理重要数据的情况；（二）发现的数据安全风险及处置措施；（三）数据安全管理制度，数据备份、加密、访问控制等安全防护措施，以及管理制度实施情况和防护措施的有效性；（四）落实国家数据安全法律、行政法规和标准情况；（五）发生的数据安全事件及其处置情况；（六）共享、交易、委托处理、向境外提供重要数据的安全评估情况；（七）数据安全相关的投诉及处理情况；（八）国家网信部门和主管、监管部门明确的其他数据安全情况。此项要求与《汽车数据安全管理若干规定（试行）》第十三条规定的汽车数据处理者的报送义务类似。**二是场景评估。**数据处理者开展共享、交易、委托处理、向境外提供重要数据的安全评估，应当重点评估以下内容：（一）共享、交易、委托处理、向境外提供数据，以及数据接收方处理数据的目的、方式、范围等是否合法、正当、必要；（二）共享、交易、委托处理、向境外提供数据被泄露、毁损、篡改、滥用的风险，以及对国家安全、经济发展、公共利益带来的风险；（三）数据接收方的诚信状况、守法情况、境外政府机构合作关系、是否被中国政府制裁等背景情况，承诺承担的责任以及履行责任的能力等是否能够有效保障数据安全；（四）与数据接收方订立的相关合同中关于数据安全的要求能否有效约束数据接收方履行数据安全保护义务；（五）在数据处理过程中的管理和技术措施等是否能够防范数据泄露、毁损等风险。评估认为可能危害国家安全、经济发展和公共利益的，数据处理者不得共享、交易、委托处理、向境外提供数据。

第三，明确数据跨境安全评估的具体要求。数据处理者向境外提供在中华人民共和国境内收集和产生的数据，属于以下情形的，应当通过国家网信部门组织的数据出境安全评估：（一）出境数据中包含重要数据；（二）关键信息基础设施运营者和处理一百万人以上个人信息的数据处理者向境外提供个人信息；（三）国家网信部门规定的其他情形。法律、行政法规和国家网信部门规定可以不进行安全评估的，从其规定。

（2）《关键信息基础设施安全保护条例》

针对有关关键信息基础设施的网络安全风险评估、报告、信息共享、监测预警，《关键信息基础设施安全保护条例》进行了细化和完善。对于网络安全和数据安全的关系和区别存在多种理解，但不可否认的是二者之间存在重合的部分，所以该部分规定同样也是对数据安全风险评估、报告、信息共享、监测预警机制的完善。**一是网络安全检查检测与风险评估。**保护工作部门应当定期组织开展本行业、本领域关键信息基础设施网络安全检查检测，指导监督运营者及时整改安全隐患、完善安全措施。运营者对有关部门依法开展的关键信息基础设施网络安全检查工作应当予以配合。并且关键信息基础设施的运营者应当自行或者委托网络安全服务机构对关键信息基础设施每年至少进行一次网络安全检测和风险评估，对发现的安全问题及时整改，并按照保护工作部门的要求报送情况。专门安全管理机构具体负责本单位的关键信息基础设施安全保护工作，并负责组织推动网络安全防护能力建设，开展网络安全监测、检测和风险评估。**二是报告。**当关键信息基础设施发生重大网络安全事件或者发现重大网络安全威胁时，运营者应当按照有关规定向保护工作部门、公安机关报告。发生关键信息基础设施整体中断运行或者主要功能故障、国家基础信息及其他重要数据泄露、较大规模个人信息泄露、造成较大经济损失、违法信息较大范围传播等特别重大网络安全事件或者发现特别重大网络安全威胁时，保护工作部门应当在收到报告后，及时向国家网信部门、国务院公安部门报告。**三是信息共享。**国家网信部门统筹协调有关部门建立网络安全信息共享机制，及时汇总、研判、共享、发布网络安全威胁、漏洞、事件等信息，促进有关部门、保护工作部门、运营者及网络安全服务机构等之间的网络安全信息共享。**四是监测预警制度。**保护工作部门应当建立健全本行业、本领域的关键信息基础设施网络安全监测预警制度，及时掌握本行业、本领域关键信息基础设施运行状况、安全态势，预警通报网络安全威胁和隐患，指导做好安全防范工作。

（3）《汽车数据安全管理若干规定（试行）》

《汽车数据安全管理若干规定（试行）》针对政府部门和汽车数据处理

者均规定了数据安全评估的义务。一方面，国家网信部门和国务院发展改革、工业和信息化、公安、交通运输等有关部门依据职责，根据处理数据情况对汽车数据处理者进行数据安全评估，汽车数据处理者应当予以配合。参与安全评估的机构和人员不得披露评估中获悉的汽车数据处理者商业秘密、未公开信息，不得将评估中获悉的信息用于评估以外的目的。另一方面，汽车数据处理者开展重要数据处理活动，应当按照规定开展风险评估，并向省（自治区、直辖市）网信部门和有关部门报送风险评估报告，应当在每年12月15日前向省（自治区、直辖市）网信部门和有关部门报送年度汽车数据安全管理情况。此外，该规定在《数据安全法》的基础上对风险评估报告的具体内容进行了补充，要求应当包括处理的汽车数据的种类、数量、范围、保存地点与期限、使用方式，开展数据处理活动情况，以及是否向第三方提供，面临的数据安全风险及其应对措施等。

2. 各地方数据条例对数据安全风险机制的细化

从地方层面看，上海、深圳、福建、山东、广东、安徽、浙江、吉林、山西、海南、天津、贵州等地为落实《数据安全法》的要求，结合各自的实际发展情况，颁布了相关数据条例（包括大数据条例、数据条例、数字经济条例，统称为"数据条例"）。各地数据条例在细化和落实数据安全风险评估、报告、信息共享、监测预警机制时，主要分为两大类：一类是采用细化主体及其职责的方式，把主体分为"四主体"或"三主体"，并明确各自的职责，例如福建、山东、安徽、吉林、天津、贵州、山西等；另一类是不细分主体，仅做笼统性规定，但针对监管模式、公共数据等特定领域做出规定，例如上海、深圳、广东、海南等。

（1）明确主体及其相应职责

《福建省大数据发展条例》对省人民政府、县级以上地方人民政府有关部门、公共管理和服务机构，以及行业组织四类主体的数据安全风险机制予以规制。一是省人民政府应当建立健全数据分类分级保护和安全审查制度，明确各环节中数据安全的范围边界、责任主体和具体要求。二是县级以上地方人民政府有关部门应当坚持数据安全和数据开发应用并重，建立数据安全工作协调机制，完善风险评估、监测预警及应急处置机制，加强大数据环境下防攻击、防泄露、防窃取的监测、预警、控制和应急处置、容灾备份能力建设，保障数据采集汇聚、共享应用和开放开发等环节的数据安全。三是公共管理和服务机构应当制定数据安全事故应急预案，并定期开展安全评测、风险评估和应急演练；发现共享数据使用部门有违规、超范围使用数据等情况，应当向同级大数据主管部门通报，要求暂停或者终止对其提供数据服务；发生重大数据安全事故时，应当按照规定立即启动应急预案，及时采取补救措施，告知可能受到影响的用户，并向同级大数据主管部门和网信部门等有关部门报告。四是有关行业组织应当建立健全本行业的数据安全保护规范和协作机制，加强对数据风险的分析评估，定期进行风险警示。

《山东省大数据发展促进条例》针对省人民政府、县级以上地方人民政府和数据收集、持有、管理、使用等数据安全责任单位三类主体，对数据安全风险机制予以规制。一是省人民政府应当组织建立全省重点领域数字化统计、分析、监测、评估等系统，建设全省统一的展示、分析、调度、指挥平台，健全大数据辅助决策机制，提升宏观决策和调控水平。二是县级以上地方人民政府应当在社会态势感知、综合分析、预警预测等方面，加强大数据关联分析和创新应用，提高科学决策和风险防范能力。三是数据收集、持有、管理、使用等数据安全责任单位应当制定本单位、本领域数据安全事件应急预案，定期开展数据安全风险评估和应急演练；发生数据安全事件，应当依法启动应急预案，采取相应的应急处置措施，并按照规定向有关主管部门报告。

《安徽省大数据发展条例》针对县级以上地方人民政府及其有关部门、各级人民政府和有关部门、开展数据活动的单位三类主体，就数据安全风险机制进行了细化，但前两类主体之间存在较大交叉，主要体现在职责不同。一是县级以上地方人民政府及其有关部门应当优化经济治理基础数据库，强化经济监测预测预警能力，建立重大风险识别和预警机制，提升利用大数据等现代技术手段辅助治理能力。二是各级人民政府和有关部门应当提高数据安全意识，根据国家数据安全风险评估、报告、信息共享、监测预警机制要求，明确数据安全责任，加强对从业人员和社会公众的数据安全宣传教育。三是开展数据活动的单位应当履行"制定数据安全应急预案，定期开展安全评测、风险评估和应急演练"的安全保护义务。

《吉林省促进大数据发展应用条例》针对省人民政府政务服务和数字化建设管理部门、行政机关以及具有公共事务管理职能的组织、有关行业组织三类主体，就数据安全风险机制予以细化。一是省人民政府政务服务和数字化建设管理部门应当定期组织开展重要应用系统和公共数据资源安全风险评估。二是行政机关以及具有公共事务管理职能的组织应当确定专门的数据安全管理机构，并确定数据安全管理责任人，定期组织开展系统安全测评，保障信息系统安全。三是有关行业组织应当建立健全本行业的数据安全保护规范和协作机制，加强对数据风险的分析评估，定期向会员进行风险警示，支持、协助会员应对数据安全风险。

《天津市促进大数据发展应用条例》就市和区人民政府及其有关部门、互联网信息主管部门，以及数据采集、存储、清洗、开发、应用、交易、发布、服务单位三类主体，对数据安全风险机制予以细化。一是市和区人民政府及其有关部门应当运用大数据提升经济领域监测能力，构建经济运行调控与决策的大数据监测体系，提高监测评估、风险预警、智能决策、运行仿真等大数据支撑能力。二是互联网信息主管部门负责统筹协调本区域数据安全工作，建立大数据企业和机构报备制度，通过采取安全评测、风险评估、安全防护、应急处置等措施，建立健全数据安全保障体系。三是数据采集、存储、清洗、开发、应用、交易、发布、服务单位应当建立数据安全防护管理制度，制定数据安全应急预案，并定期开展安全评测、风险评估和应急演练；采取安全保护技术措施，防止数据丢失、毁损、泄露和篡改，确保数据安全。发生重大数据安全事故时，应当立即启动应急预案，及时采取补救措施，告知可能受到影响的用户，并按照规定向有关主管部门报告。此外，天津市鼓励数据保护关键技术和数据安全监管支撑技术创新和研究，支持科研机构、高等院校和企业开展数据安全关键技术攻关，推动政府、行业、企业间防范数据风险信息共享。

《贵州省大数据发展应用促进条例》就省人民政府、省大数据安全主管部门和大数据采集、存储、清洗、开发、应用、交易、服务单位三类主体，对数据安全风险机制予以完善。一是省人民政府建立数据安全工作领导协调机制，统筹协调和指导本省数据安全保障和监管工作。二是省大数据安全主管部门会同有关部门制定数据安全等级保护、风险测评、应急防范等安全制度，加强对大数据安全技术、设备和服务提供商的风险评估和安全管理，建立健全大数据安全保障和安全评估体系。三是大数据采集、存储、清洗、开发、应用、交易、服务单位应当建立数据安全防护管理制度，制定数据安全应急预案，并定期开展安全评测、风险评估和应急演练；采取安全保护技术措施，防止数据丢失、毁损、泄露和篡改，确保数据安全。发生重大数据安全事故时，应当立即启动应急预案，及时采取补救措施，告知可能受到影响的用户，并按照规定向有关主管部门报告。此外，贵州省鼓励大数据保护关键技术和大数据安全监管支撑技术创新和研究，支持科研机构、高等院校和企业开展数据安全关键技术攻关，推动政府、行业、企业间数据风险信息共享。

《山西省大数据发展应用促进条例》针对省人民政府、网信部门、大数据发展应用主管部门三类主体进行了细化规定。省人民政府应当建立数据安全工作领导协调机制，研究解决数据安全工作的重大事项，加强对大数据技术、服务、应用安全的风险评估和管理。网信部门负责统筹协调大数据安全和相关监督管理工作；大数据发展应用、政务信息化、公安、国家安全、保密、密码管理、通信管理等主管部门按照各自职责，负责大数据安全相关监督管理工作。

（2）不细分主体并做出特殊规定

《上海市数据条例》规定，上海市按照国家统一部署，建立健全集中统一的数据安全风险评估、报告、信息共享、监测预警机制，加强本地区数据安全风险信息的获取、分析、研判、预警工作。该条例规定重要数据处理者应当明确数据安全责任人和管理机构，按照规定定期对其数据处理活动开展风险评估，并依法向有关主管部门报送风险评估报告。处理重要数据应当按照法律、行政法规及国家有关规定执行。

《深圳经济特区数据条例》规定， 深圳市网信部门应当会同有关主管部门加强数据安全风险分析、预测、评估，收集相关信息；发现可能导致较大范围数据泄露、毁损、丢失、篡改等数据安全事件的，应当及时发布预警信息，提出防范应对措施，指导、监督数据处理者做好数据安全保护工作。此外，在监管模式上，深圳市人民政府应当依托城市智能中枢平台，加强监管数据和信用数据归集、共享，充分利用公共数据和各领域监管系统，推行非现场监管、信用监管、风险预警等新型监管模式，提升监管水平。

《广东省数字经济促进条例》规定， 县级以上地方人民政府及网信、应急管理、政务服务数据管理、通信管理等有关部门，企业、平台等处理数据的主体应当落实数字经济发展过程中的安全保障责任，健全安全管理制度，加强重要领域数据资源、重要网络、信息系统和硬件设备安全保障，健全关键信息基础设施保障体系，建立安全风险评估、监测预警和应急处置机制，采取必要安全措施，保护数据、网络、设施等方面的安全。针对公共数据，广东省还出台了《广东省公共数据管理办法》，对公共数据共享风险评估和安全审查做出要求。公共数据主管部门负责组织建立公共数据安全保障制度，制定公共数据安全等级保护措施，按照国家和广东省规定，定期对公共数据共享数据库采用加密方式进行本地及异地备份，指导、督促公共数据采集、使用、管理全过程的安全保障工作，定期开展公共数据共享风险评估和安全审查。公共数据主管部门对外输出数据产品或者提供数据服务时，应当建立健全公共数据安全保障、监测预警和风险评估体系，明确数据要素流通全生命周期、各环节的责任主体和标准规范要求。

《海南省大数据开发应用条例》规定， 政务部门和大数据生产经营单位应当制定数据安全等级、数据安全风险测评等管理制度，建立大数据安全重大风险识别处置机制，加强对大数据安全技术、设备和服务提供商的风险评估和安全管理。

第三节 其他国家和地区的数据安全风险机制

欧美对于数据安全风险评估、报告、信息共享、监测预警的相关规定，主要体现在网络安全的相关政策和法律中。为了增强数据安全风险防控能力，欧盟强调政策与法律方面的顶层设计，加强区域统筹，并在个人数据、关键基础设施领域加强风险评估与监测预警。美国总统拜登执政后，美国网络安全战略也呈现出一系列的调整，其中包括强化与私营部门及公民社会的公私伙伴关系，全方位提升美国应对网络安全威胁的能力。

1. 欧盟：注重顶层设计与区域统筹

欧盟作为区域性政治经济联盟，近些年强调政策与法律方面的顶层设计，加强区域统筹，出台了《关于欧洲网络与信息安全局信息和通信技术的网络安全，并废除（EC）第 526/2013 号条例》（以下简称《网络安全法案》）、《通用数据保护条例》等法律专门统筹网络 / 数据安全问题，并制定专门机构——欧洲网络和信息安全局（ENISA）。从政策上看，欧盟发布了《欧盟数字十年网络安全战略》，提出成立网络安全行动中心，进行信息共享，并通过信息和模式识别，以及从需要评估的大量数据中提取威胁因素来收集信息，并且对在通信网络上检测到的可疑事件进行隔离。网络安全行动中心与 ENISA 共同构成欧盟以国家为中心，设立特别部门以及国际合作模式的网络安全治理机制[1]。

---

1 余建川.欧盟网络安全建设的新近发展及对我国的启示——基于《欧盟数字十年网络安全战略》的分析 [J]. 情报杂志，2022，41（3）：87-94.

从法律上看，2019年6月，欧洲议会和欧盟理事会第2019/881号条例《网络安全法案》正式施行，这是新时期欧盟网络安全治理的里程碑事件。该法案对于欧盟各成员国增强网络信息安全风险防控能力具有十分重要的意义[1]。《网络安全法案》指定ENISA为永久性的欧盟网络安全职能机构。ENISA执行该法案赋予的各项职权，积极支持成员国、欧盟机构、机构办事处改善网络安全，以实现整个欧盟的共同一致的网络安全水平。其中包括：（一）就如何提高防御、检测和应对事件的能力提供建议，并应成员国的要求就特定网络威胁提供建议；（二）应成员国的要求，通过提供专门知识协助评估具有重大或实质性影响的事件，并促进对此类事件的技术处理，特别是通过支持成员国之间自愿分享相关信息和技术解决方案；（三）根据公开信息或成员国为此目的自愿提供的信息分析脆弱性和事件；（四）对新兴技术进行分析，评估其可能产生的网络安全影响；（五）对网络威胁和网络事件进行长期战略分析，以识别新出现的趋势并帮助防范风险事件等。

2022年3月，欧盟委员会发布《网络安全条例》和《信息安全条例》提案，旨在增强其抵御网络威胁和事件的应变能力和响应能力，并在全球恶意网络活动不断增多的情况下确保欧盟公共管理的弹性和安全。其中，《网络安全条例》提案从技术和管理层面，为网络安全领域的治理、风险管理和控制建立一个原则性框架。欧盟委员会将建立一个新的跨机构网络安全委员会，以提高网络安全能力，促进定期网络安全成熟度评估和更好的网络清洁度。《网络安全条例》提案还将扩展欧盟机构、团体和办公室的计算机应急响应小组的任务，作为威胁情报、信息交换和事件响应协调中心、

1　吴沈括，黄伟庆. 第一时间，全面解读欧盟《网络安全法案》[EB/OL].2019-7-6.

中央咨询机构和服务提供商。《网络安全条例》提案的主要内容如下。

① 加强计算机应急响应小组（CERT-EU）的任务并提供其履行任务所需的资源。

② 要求所有欧盟机构、团体和办公室。

- 拥有网络安全领域的治理、风险管理和控制框架。
- 实施解决已识别风险的网络安全措施基线。
- 至少每三年进行网络安全成熟度评估。
- 制定经实体领导批准的改善网络安全的计划。
- 与 CERT-EU 共享与事件相关的信息，不得无故拖延。

③ 成立一个新的跨机构网络安全委员会，以推动和监督法规的实施，并指导 CERT-EU。

④ 根据欧盟各成员国和全球其他国家的发展，将 CERT-EU 从"计算机应急响应小组"重命名为"网络安全中心"，但保留简称"CERT-EU"以增强机构识别度。

此外，欧盟还在关键设施领域和个人数据保护领域规定了类似的数据安全风险机制。在关键设施领域， 欧盟在 2020 年颁布了《关键设施韧性指令》，建立欧盟安全行动中心网络，形成共同体以加强防御、阻停与响应的能力[1]。该指令设定了成员国制定关键设施复原力国家战略、开展国家风险评估并确定关键设施、对关键设施进行实际监督、设置关键设施复原力小组等措施，强化欧盟内部的抗网络风险能力。《关键设施韧性指令》第四条规定欧盟成员国应制定基本服务清单，并在必要时至少每四年对可能影响

1　王石，葛宏志，郭凯 . 世界主要国家网络安全战略研究及我国应对启示 [J]. 网信军民融合，2021（8）：29-32.

基本服务的相关风险进行评估。其规定的"风险评估"是指通过分析潜在威胁和危害，并评估可能扰乱关键设施运营的现有漏洞的状况，来确定风险的性质和程度的方法。**在个人数据保护领域**，欧盟《通用数据保护条例》规定了数据控制者的数据保护影响评估义务。数据处理方式，特别是使用新技术进行数据处理，可能给自然人权利和自由带来高风险，数据控制者在进行数据处理之前应对预期处理操作进行个人数据保护影响评估。监管机构应建立并且公布一套相应的数据处理操作清单，并提交给数据保护委员会。评估应至少包括以下内容：（a）系统性描述预期处理操作及处理目的，适当时还包括数据控制者追求的合法利益；（b）对于处理目的相关的处理操作的必要性和适当性进行评估；（c）对数据主体的权利和自由的风险性进行评估；（d）预期的风险防范措施，包括考虑到数据主体和其他相关人的权利和合法利益，确保保护个人数据和证明符合本条例的保障措施、安全措施和机制。

2. 美国：强化与私营部门及公民社会的公私伙伴关系

在实践中，美国历届政府基本都强调在网络空间治理中采用"多利益攸关方"模式，发挥非政府组织、私营部门、公民社会及学术界等政府之外的行为体自下而上的作用，借助多方力量合力应对日益严峻的网络安全威胁，从而提升网络空间治理的创新活力、透明度和实效性[1]。

2022年3月15日，美国总统拜登正式签署了《2022年关键基础设施网络事件报告法》，该法增加了关键基础设施实体在遭遇网络事件和因勒索软件攻击而支付赎金时的两项强制性报告义务。

---

1 邢瑞利.拜登政府网络安全战略的调整与中国应对 [J/OL]. 中国矿业大学学报（社会科学版），2022，24（6）：101-116.

此外，美国网络安全和基础设施安全局还于 2021 年 11 月发布了《联邦政府网络安全事件和漏洞影响响应指南》（以下简称《指南》）。该《指南》将网络安全事件响应流程分为 6 个阶段，分别为准备阶段、检测和分析阶段、控制阶段、根除和恢复阶段、事件后阶段、协作阶段，还将标准的漏洞管理程序分为识别、分析、修复和报告漏洞 4 个阶段。《指南》的主要目的是改善和标准化联邦机构识别、修复及从影响其系统的网络安全事件和漏洞中恢复的方法，加强对网络安全与数据安全全流程的控制。

第五章　数据安全应急处置

数据安全应急处置是我国数据安全制度领域的亮点内容。根据现有立法要求，一旦数据安全风险防范及监控预警措施失效，导致数据安全事件发生，相关组织应立即开展应急处置、复盘整改，并在内部进行宣贯宣导，防范数据安全事件再次发生。本章从数据安全应急处置的内涵和制度目的、数据安全应急处置的流程、相关境外经验3个方面对我国数据安全应急处置制度进行梳理。

第一节　什么是数据安全应急处置

数据安全应急处置是指数据处理者通过建立数据安全应急处置机制，在发生数据安全事件时及时启动应急响应机制，采取措施防止危害扩大，从而消除安全隐患，保障数据安全和网络安全。由于数据具有易复制、易删除、易篡改等特点，因此，一旦发生数据安全事件，如果不及时处置，危害程度和危害范围就极有可能迅速扩大。为了科学、有效、快速地处置数据安全事件，将数据安全事件的危害降到最小，我国《数据安全法》第二十三条明确规定，"国家建立数据安全应急处置机制。发生数据安全事件，有关主管部门应当依法启动应急预案，采取相应的应急处置措施，防止危害扩大，消除安全隐患，并及时向社会发布与公众有关的警示信息"。《数据安全法》第二十三条与第二十二条、第二十九条、第三十条共同构成数据安全流程保障制度。

《数据安全法》第二十三条包含四层含义：一是要在国家层面构建数据安全应急处置机制；二是在发生数据安全事件时，有关主管部门应当依法立即启动应急预案，遵从"谁主管谁负责、谁运行谁负责"的原则；三是采取相应的应急处置措施，在防止危害扩大、消除安全隐患的同时，要组织研判，保存证据，并做好信息通报工作；四是及时向社会发布与公众有关的警示信息，强调"发布与公众有关的警示信息"的目的，是让公众了解数据安全事件的真相，并及时采取自我保护措施，以免其数据遭到破坏或在遭到破坏后防止损失的扩大。

建立数据安全应急处置机制，对于提高应对网络安全事件的能力，预防和减少网络安全事件造成的损失和危害，保护公众利益，维护国家安全、公共安全和社会秩序具有重要意义。因此，有必要建立从数据安全监测预警到应急处置的完整数据治理框架，把握数据的自主可控权，维护国家的"数据主权"。

第二节　如何进行数据安全应急处置

《数据安全法》建立集中统一、高效权威的数据安全风险评估、报告、信息共享、监测预警和应急处置机制，通过对数据安全风险信息的获取、分析、研判、预警，以及数据安全事件发生后的应急处置，实现数据安全事前、事中和事后的全流程保障。从保护阶段来看，数据安全应急处置机制属于对数据安全的事后保护。2021 年 11 月 14 日，国家互联网信息办公室公布《网络数据安全管理条例（征求意见稿）》第五十六条对建立健全数据安全应急处置机制做出规定，该条可看作对《数据安全法》第二十三条的落实。同时，该条与《网络安全法》之间也有一定的关系，为落实《网络安全法》，2017年6月，中央网信办印发《国家网络安全事件应急预案》。考虑到很多数据安全事件的发生是由网络安全风险引起的，那么《国家网络安全事件应急预案》以及现有的网络安全应急管理机制总体上可以涵盖数据安全应急处置工作，或对现有制度安排进行必要修改后，可以将数据安全应急处置工作纳入。可以看出，《网络数据安全管理条例（征求意见稿）》将数据安全应急处置与网络安全应急处置进行了强关联，将数据安全事件纳入国家网络安全事件应急响应机制之中。

《网络安全法》第五十三条和第五十五条对网络安全应急处置做出规定。其中，第五十三条指出，国家网信部门和负责关键信息基础设施安全保护工作的部门都应制定网络安全事件应急预案，并定期组织演练。这里的应急预案是指《国家网络安全事件应急预案》，由《网络安全法》授权国家网信部门牵头制定。同时，《网络安全法》还要求，网络运营者应当制定网络安全事件应急预案；负责关键信息基础设施安全保护工作的部门应当制定本行业、本领域的网络安全事件应急预案。这些应急预案都要在《国家网络安全事件应急预案》的总体框架下分别制定。尽管《数据安全法》并未明确要求相关部门制定数据安全事件应急预案，但《数据安全法》第二十二条隐含了有关部门制定应急预案的要求。数据安全事件的产生来源可以分为两类，即人为因素和客观因素（自然灾害等）。数据安全事件又可以分为数据泄露类事件、数据篡改类事件和数据灭失类事件。国家有关主管部门及数据处理者应当根据数据安全事件的产生来源、具体类型等情况制定数据安全事件应急预案，并在发生数据安全事件时根据应急预案及时处置。

具体而言，制定应急预案的基本内容包括明确数据安全事件应急处置的组织机构及其职责、数据安全事件分级、应急响应程序、处置措施等。由于数据安全事件的性质不同，发生或造成的危害程度、影响范围等各不相同，对于不同的数据安全事件需要采取的处置措施也不相同。为了保证数据安全事件应急预案和处置措施的针对性和有效性，并防止应急处置超过必要的限度，造成不必要的损失，可以对相应的数据安全事件按照危害程度、影响范围等因素进行分级，例如，数据安全事件可被分为4级，由高到低依次用红色、橙色、黄色和蓝色标识，分别对应可能发生特别重大、重大、较大和一般网络安全突发事件，并制定相应的应急措施，这与《网络安全法》对于网络安全事件应急预案的要求一致。

从《数据安全法》第二十三条的规定可以看出，数据安全应急处置机制的大致流程是先由相关部门制定数据安全事件应急预案，当发生数据安全事件时，按照应急预案实施相应的处置措施，与《网络安全法》第五十五条的规定相比，《网络安全法》要求网络运营者采取技术措施和其他必要措施，防止危害扩大，但此项规定并没有明确数据持有者或数据处理者在数据安全事件中应当担任的角色；此外，在发生数据安全事件后，负责处置的相关部门经过调查评估，认为该事件可能对社会公众产生较大的影响，应当及时、准确、客观地向社会发布与公众相关的警示信息。既要统一、及时和准确，避免公众发生误解；又要告知社会公众可以采取的措施，及时消除影响，维护社会公众的利益。

总而言之，数据安全应急处置工作应坚持预防为主、预防与应急相结合的原则，坚持分级管理、逐级负责、责任到人，充分发挥集体力量，做好数据安全事件的预防与处置工作。平时，国家有关主管部门及数据处理者应当做好装备、通信、经费、人员等方面的应急保障工作，并加强宣传教育和定期开展监督管理；在发生数据安全事件后，相关人员应立即上报，做出预警和进行必要的先期处置工作，并及时启动应急预案；在启动应急预案后，应急处置机制就进入应急状态，此时相关人员应做好应急指挥、应急支援、信息处理、扩大应急，以及善后处置、调查评估等工作。

第三节　其他国家和地区是否有类似制度

自1988年世界各国开始逐步重视对信息安全事件应急响应，成立了计算机应急响应小组协调中心（CERT/CC）、亚太计算机应急响应组（APCERT）、欧洲计算机网络研究和教育协会（TERENA）等应急机构，协调整个互联网的信息安全应急响应。这些应急机构以研究为主，主要面向普遍性安全事件提供指导性处置建议。

1.美国网络安全应急管理基本情况

美国对于应急管理的研究起步较早，特别是在"9·11"事件之后，美国更加注重危机管理和突发事件应急救援，通过开展各种应急演练活动，逐步形成较为健全的应急响应体系。1979年成立的"美国联邦应急管理署（FEMA）"是美国专门的应急管理机构，主要负责公共安全事件和网络安全事件的应急管理工作，该机构于2003年并入国土安全部（DHS）。构建网络安全应急管理体系，对于应对日益增多的网络安全事件具有重要意义。美国作为一个网络强国，已经形成科学高效的网络安全应急管理体系。

美国在网络安全应急管理方面已经形成成熟的经验和做法。首先，美国形成以法律、行政令、总统令等为主体的网络安全应急法律体系，为网络安全应急管理体系建设提供了基本依据和重要保障。其次，美国健全网络安全应急指挥体系。美国第 41 号总统令规定，由网络应急协调小组负责网络安全事件的跨部门协调，并明确了权力、责任、组建方式与程序、成员及成员的职责等内容。再次，美国完善了网络安全事件分级响应机制。美国出台了《网络安全事件与漏洞响应指南》作为界定方法，并提供了网络安全事件评分系统作为有效工具。最后，美国建设了网络安全信息共享机制以及建立多种突发事件的应急协调机制。美国国家网络安全与通信综合中心作为联邦接口，全面负责联邦和非联邦实体间的网络安全信息共享。基于网络威胁指标共享系统、《网络威胁信息共享指南》及网络信息共享和合作项目，美国已实现了政企间自动化信息共享。通过"自动指标共享"倡议，美国还努力建立世界网络安全应急组织的共同体。

美国建立了多层次、全方位的网络安全应急管理体系。首先，根据"责任共担"原则，联邦机构负责美国应急管理的领导与协调，各州、地方、部落和地区（State, Local, Tribal and Territorial，SLTT）机构负责区域性网络安全应急协调，掌握了美国多数关键信息基础设施的私营部门则承担具体工作。按照"尊重受影响实体"的原则，受影响实体是网络安全应急管理的第一责任人。其次，应急管理活动可以分为威胁响应、资产响应、情报支持和受影响实体响应四类。其中，威胁响应和资产响应的关系类似于火灾应对时的警察和消防员，前者负责调查取证等执法活动，后者负责控制和消除网络安全事件影响。二者共同负责与受影响实体沟通网络安全事件的情况，就政府可用资源进行指导，及时传播从已发生网络安全事件应急响应中吸取的教训等。美国网络安全应急管理体系包括网络安全监测预警机制、网络安全事件分级响应机制、网络安全信息共享机制、多种突发事件应急协调机制、网络安全应急演练机制。

在数据泄露应急管理机制方面，美国通过建立以"安全标志"[1]、Security Lable 体系、爱因斯坦计划[2]为代表的动态响应监管架构，其数据泄露应急管理机制正向着动态监测管控转型，已经逐步形成内控外监相结合的、相对完整的体系化信息管控安全机制，并不断以攻防演练实践提高应急响应能力。

2. 欧盟网络安全应急管理基本情况

欧盟对网络安全的重视由来已久，早在 2004 年 3 月，欧盟成立了欧洲网络与信息安全局（ENISA），旨在提高欧共体范围内网络安全的级别，提升欧共体、成员国，以及业界团体对于网络安全问题的防范、处理和响应能力。除了 ENISA，欧盟各成员国都有自己的网络安全管理机构，它们主要负责制定国家战略政策，还在欧盟层面上代表各自的国家。2009 年 3 月，欧盟委员会公布《重大信息基础设施保护战略》，同年 4 月，ENISA 发布《通信网络弹性：成员国政策和法规及政策建议》报告，明确要求各成员国必须建立一支全国性的计算机应急响应小组，以提高成员国及欧盟地区的应急

1　安全标志的发展始于 20 世纪 70 年代，先后经历理论模型、准则标准、系统产品等阶段，至今仍在发展。其中知名的 BLP、Biba 等安全模型作为经典理论，成为多级安全的核心思想。之后出台的计算机和网络安全国际标准中，例如 TCSEC、CTCPEC、FIPS188 等，都针对安全标志做出了明确要求。

2　爱因斯坦计划 2003 年 12 月 17 日由美国第 7 号国土安全总统令（HSPD-7）正式提出。爱因斯坦计划实际上是一个入侵检测系统，可监视美国政府机关各部门网络关口的非授权流量。该计划可发挥"国家网络安全保护系统（National Cybersecurity Protection System，NCPS）"的作用，一旦根据特征检测到已知或受质疑的网络攻击威胁，NCPS 在一定程度上可以阻止网络威胁并防止破坏攻击目标，也可以借助来自商业界和政府的资源为所有联邦机构提供在线的防护措施。

响应能力。2017 年上半年，欧盟委员会与成员国和相关组织召开会议进行讨论后，发布了《大规模跨国网络安全事件协调应对计划》，较全面地阐释了欧盟自上而下的应急响应体系，也表明了欧洲已经具备了较为成熟的应急响应体系。

根据《大规模跨国网络安全事件协调应对计划》，一方面，欧盟网络安全应急响应机制包括国家应急响应计划[1]、计算机安全事件应急响应小组（CSIRT）[2]、综合性政治危机响应（IPCR）[3]机制、ARGUS[4]机制和欧盟对外行动署（EEAS）威胁响应机制[5]等。这些响应机制协调不同的机构，承担不同的职责，各个响应机制之间相互协调，共同应对重大网络威胁。

另一方面，欧盟网络安全应急响应机制的实施过程包括 11 项核心工作：定期监测和预警；分析和建议；评估是否启动 IPCR；IPCR 启动 / 信息收集和共享；综合态势感知和分析报告生成；圆桌会议的准备工作；圆桌会议；

1　欧盟各成员国都会根据自己国家的实际情况制定各自的应急响应机制和流程，来应对网络威胁。

2　为了加强欧盟成员之间的信任关系并快速协调应急响应活动，欧盟各成员国建立了 CSIRT 网络，包括成员国的 CSIRT 和 CERT–EU。CSIRT 网络作为较为底层的响应机制，可用于共享技术信息。

3　IPCR 机制是欧盟理事会的一种应急处置机制，可用来应对大规模的突发事件，帮助欧盟理事会进行决策并在欧盟层面进行政策协调。该机制有信息共享模式和协调响应模式两种模式。IPCR 作为顶层机制之一为欧盟理事会进行政策协调提供了有力的保障。

4　ARGUS 机制是欧盟委员会的一种预警机制，负责协调欧盟层面跨部门之间的应急响应。该机制分为信息共享模式和协调响应模式。ARGUS 作为下层机制，为欧盟委员会提供信息共享和内部协调的渠道。

5　EEAS 威胁响应机制是为了响应涉及非欧盟地区的重大事件而建立的，如果网络安全事件涉及非欧盟地区，则需要启动 EEAS 威胁响应机制。具体的应急响应活动由相关的成员国根据自身的应急响应策略响应。

常驻代表委员会 / 欧盟理事会决策；策略层、行动层和技术层响应；风险监控；取消 IPCR。

欧盟网络安全应急管理体系的特点主要表现为以下 3 个方面：第一，突出信息共享和协同应对，各个成员国共同参与、协同应对跨地域突发事件的处置；第二，不断优化应急响应体系，随着网络技术的不断发展，欧盟网络安全应急响应体系也在不断完善；第三，共享协调方面仍然存在问题，欧盟网络安全应急管理体系是由多个协调机制构成的，涉及成员国内部、成员国之间、欧盟外部、欧盟决策、协调和实施等各个层面，导致其应急响应协调处置存在诸多问题，例如公私领域的合作流程不成熟、部分参与方信息共享交流机制不完善、信息共享不及时等。合作协同方面的问题也导致欧盟网络安全应急管理体系的运行成本过高，运行效率较差。

2021 年 6 月 23 日，欧盟委员会宣布成立联合网络部门，欧盟成立新部门的目的是汇集各成员国政府的网络安全力量，帮助成员国针对日益复杂的网络攻击活动实施反击。联合网络部门作为协调中枢负责联络欧盟网络安全局、欧洲打击网络犯罪中心、CSIRT、欧盟网络危机联络组织、欧盟对外行动署、欧洲防务局等。该部门与欧盟其他机构分开运作，只在发生大规模网络安全事件时发挥作用，协调欧盟机构和各成员国政府之间的资源、通信、联合响应计划。其工作内容包括以下 3 项：一是负责协调对袭击欧盟成员国的大规模网络攻击的联合响应，该部门将建立统一平台，用以协调响应行动并共享资源；二是该部门定期发布威胁报告，筹备及测试危机应对计划，并在政府及私营网络安全企业之间建立信息共享协议；三是该部门还将协调整个欧盟各网络机构与政府之间的协同工作。目前，部分欧盟成员国已经根据欧盟国防合作计划建立起联合网络响应小组，各成员国网络安全机构还合作制定出关于选举及 5G 基础设施保护的政策，并由欧洲各国的网络犯罪警察协作对欧洲网络犯罪开展调查。不过，大多数欧盟成员国的实际网络安全态势并不相同，应对此类威胁的能力也差异巨大。

第六章　数据安全审查

数据安全审查制度是《国家安全法》规定的"国家安全审查"体系下的审查领域之一。《数据安全法》中首次提出数据安全审查制度，后续修订的《网络安全审查办法》中进一步明确和突出了数据安全审查的部分内容。

第一节　什么是数据安全审查

数据安全审查是指国家对影响或者可能影响国家安全的数据处理活动进行的安全审查。《数据安全法》中原则性地构建了数据安全审查制度，虽然只有一条规定，但其中暗含了多层含义。首先，数据安全审查的负责主体是国家，这意味着该制度的建立应是自上而下展开的，只有在国家层面确定之后，相关部门才能够依据规定展开，否则任何部门均不得私自进行超出范围的审查；开展审查的目的只有一个，即为确定数据处理活动是否影响或者可能影响国家安全，由于数据安全审查由国家建立，涉及部门众多，对数据处理者的数据处理活动也可能带来重大影响，因此，数据安全审查的目的严格限制在国家安全的范围之内，这意味着对社会公共利益的影响、对个人利益的影响、对产业发展利益的影响等目标均不应当通过数据安全审查制度来实现；审查程序应当"一锤定音"，《数据安全法》明确规定，依法做出的安全审查决定为最终决定，这意味着做出决定后，被审查对象应当遵守、服从审查的决定。考虑到数据安全审查决定主要涉及国家安全利益，关系重大，如果认为数据处理活动对国家安全会产生不利影响，那么数据处理者应当立即停止数据处理活动，否则可能会对国家安全带来不可估量、无法挽救的后果。因此，对数据安全审查决定规定为最终决定，具有必要性。

数据安全审查制度的内容部分体现在修订后的《网络安全审查办法》中。《网络安全审查办法》最早于 2020 年 4 月出台，当时《数据安全法》还未出台，《网络安全审查办法》的主要法律依据为《国家安全法》《网络安全法》，审查范围主要聚焦于关键信息基础设施运营者采购网络产品和服务，影响或可能影响国家安全的情况。后来，为了落实《数据安全法》和《个人信息保护法》的相关精神，《网络安全审查办法》进行了修订。修订后的《网络安全审查办法》于 2021 年 11 月通过，主要增加了针对数据开展安全审查的内容，其中范围拓展到"网络平台运营者开展数据处理活动，影响或者可能影响国家安全的情况"，也应当根据该办法开展网络安全审查，尤其是掌握超过一百万用户个人信息的网络平台运营者赴国外上市的，必须向网络安全审查办公室申报网络安全审查；重点审查因素增加了数据的内容，包括核心数据、重要数据或者大量个人信息被窃取、泄露、毁损以及非法利用、非法出境的风险，国外上市存在关键信息基础设施、核心数据、重要数据或者大量个人信息被外国政府影响、控制、恶意利用的风险，以及网络信息安全风险。

第二节 如何理解数据安全审查

数据安全审查并非单独的一套制度体系，而是国家安全审查在数据安全领域的重点体现。**国家安全审查是在"总体国家安全观"的明确指导下**

构建的制度体系，并在不同领域通过不同形式予以体现。《国家安全法》中明确提出国家负责建立国家安全审查制度和机制。根据第五十九条规定，国家机关可以依照法律、行政法规，针对外商投资、特定物项和关键技术、网络信息技术产品和服务、涉及国家安全事项的建设项目，以及其他重大事项和活动进行国家安全审查。**为了落实这一制度，多部法律均对国家安全审查的具体事项予以明确。**例如，《中华人民共和国外商投资法》《中华人民共和国反垄断法》《中华人民共和国海南自由贸易港法》中明确要对外商投资进行安全审查，《中华人民共和国乡村振兴促进法》《中华人民共和国种子法》中明确要建立、实施种业国家安全审查机制，《中华人民共和国生物安全法》中明确国家要建立生物安全审查制度，《中华人民共和国密码法》中明确要建立密码工作的安全审查机制，《中华人民共和国国家情报法》中明确要对国家情报工作进行安全审查，《网络安全法》和《数据安全法》中分别明确了有关部门可以在网络安全领域和数据领域开展网络安全审查和数据安全审查的制度。**我国以《国家安全法》和其他各项重要立法为基础，形成一套以国家安全审查为主，以具体领域安全审查为重要表现形式的安全审查体系。数据安全审查即国家安全审查在数据领域的进一步落实。**

第三节　其他国家和地区是否有类似制度

全球主要国家和地区力图通过在多个领域开展安全审查的做法来实现维护安全的目的。现在的国家安全审查越来越呈现出聚焦高端制造业、高技术服务业等新兴战略领域及敏感领域的态势。

美国进行国家安全审查的重点是政府、敏感领域、外商投资 3 个方面。

一是针对政府使用的产品和服务进行安全审查，2011 年 12 月，美国政府发布的《联邦风险与授权管理计划》要求为联邦政府提供云计算的服务商，必须通过安全审查、获得授权，联邦政府各部门不得采用未经审查的云计算服务。二是针对国防系统的产品和服务进行安全审查，2000 年 1 月，美国率先在国家安全系统中对采购的产品进行安全审查，《国家信息安全保障采购政策》中明确规定，自 2002 年 7 月起进入国家安全系统的信息技术产品必须通过安全审查；2013 年 11 月，美国国防部颁布临时政策，规定国防系统及其合同商采购的产品和服务要经过供应链安全审查。三是针对外商投资进行全面审查，美国外国投资委员会（CFIUS）负责对可能影响美国国家安全的外商投资交易进行安全审查，《2018 年外国投资风险评估现代化法案》大幅扩大了 CFIUS 的审查权，CFIUS 不仅具有随时终止交易的权力，而且可以要求企业签署协议时承诺敏感数据不能传输到境外。

欧洲国家的国家安全审查在新冠肺炎疫情开始之后表现明显，重点将外国投资者提供的产品和服务纳入安全审查范围。 2020 年 4 月，《欧盟外商直接投资审查条例》（第 2019/452 号条例）生效实施，目的在于保护欧洲战略资产，特别是在发生异常重大公共卫生危机的紧急情况下，通过对外国直接投资进行审查和对第三国资本自由流通进行限制，以保证欧盟战略行业企业免受来自第三国的"掠夺性"收购和投资的影响[1]。2021 年 4 月，英国通过《2020 年国家安全和投资法》，对外国投资者收购英国企业股权或资产等投资行为涉及的国家安全审查范围、管辖门槛、申报方式、审查程序、违规后果、干预窗口期等做出了明确规定[2]。

---

1 胡柳，刘亚南，等 . 2020 年世界主要经济体外商投资政策变化与影响分析 [EB/OL]. 2020–12–22.

2 刘海燕，黄明星 . 加强外商投资监管——英国推出外商投资国家安全审查新规 [EB/OL]. 2020–11–25.

第七章　数据跨境流动

当前，我国数据跨境流动管理制度依据基本完善，构建了以《网络安全法》《数据安全法》《个人信息保护法》为依据的整体制度。在管理目标与管理要求方面，与欧美主要国家的制度也具有一定程度的一致性。

第一节　我国的数据跨境流动管理体系概况

目前，我国数据跨境流动管理体系已经初步构建，形成以《网络安全法》《数据安全法》《个人信息保护法》为顶层设计的管理制度，同时，金融、征信、地图等重点领域也明确了本行业、本领域重点数据跨境流动的管理要求。

第一，《网络安全法》明确了关键信息基础设施的个人信息和重要数据的跨境流动管理要求。第三十七条规定，关键信息基础设施的运营者在中国境内运营中收集和产生的个人信息和重要数据在跨境流动方面的要求，法律、行政法规另有规定的，依照其规定。一方面，这类数据原则上应当在我国境内存储；另一方面，这类数据只有在满足 3 个条件的情况下才能够向境外传输，主要包括因业务需要，确需向境外提供的，按照国家网信部门会同国务院有关部门制定的办法进行安全评估。《网络安全法》第三十七条的要求构成我国数据跨境流动管理的法律基础，后续出台的《数据安全法》《个人信息保护法》的相关规定均是以此条为前提。但《网络安全法》

中并没有明确什么是"重要数据"。

第二，《数据安全法》明确了重要数据的跨境流动管理要求。 根据《数据安全法》第三十一条的规定：一方面，关键信息基础设施的运营者在中国境内运营中收集和产生的重要数据的出境安全管理，需适用《网络安全法》的规定；另一方面，其他数据处理者在中国境内运营中收集和产生的重要数据的出境安全管理办法，由国家网信部门会同国务院有关部门制定。针对其他数据处理者的重要数据的出境管理，我国相关文件中基本已经有了初步方向，例如，2021 年 11 月，国家互联网信息办公室公布的《网络数据安全管理条例（征求意见稿）》第三十七条也明确了同样的管理要求；2022 年 7 月，国家互联网信息办公室公布的《数据出境安全评估办法》第四条明确提出出境数据中只要包含重要数据，都要申报安全评估。因此，根据以上规定，所有重要数据的出境均依照《网络安全法》第三十七条进行管理。

第三，《个人信息保护法》明确了个人信息的跨境流动管理要求。 首先，《个人信息保护法》针对所有个人信息的出境进行管理，第三十八条明确了个人信息处理者因业务等需要，确需向中国境外提供个人信息的，应当具备相关条件。其次，《个人信息保护法》扩展了个人信息出境的方式，除了安全评估，个人信息处理者还可以通过以下 3 种方式跨境传输个人信息，即按照国家网信部门的规定经专业机构进行个人信息保护认证、按照国家网信部门制定的标准合同与境外接收方订立合同、按照法律行政法规或者国家网信部门规定的其他条件。其中，需要通过安全评估跨境传输个人信息的，主要涉及关键信息基础设施运营者和处理个人信息达到国家网信部门规定数量的个人信息处理者，《网络数据安全管理条例（征求意见稿）》中将这一数量设置成"处理一百万人以上个人信息"，《数据出境安全评估办法》中将这一数量设置成"处理个人信息达到一百万人的个人信息处理者"及"累计向境外提供超过十万人个人信息或者一万人以上敏感个人信息"等。

第四，部分特定行业的管理规定明确了重点类型数据的出境要求。 2012 年通过的《征信业管理条例》要求对征信信息的整理、保存和加工应当在我国境内进行；2014 年原国家卫生和计划生育委员会发布的《人口健康信息管理办法（试行）》第十条设置了绝对的数据本地化存储规则，明确不得将人口健康信息在境外的服务器中存储，不得托管、租赁在境外的服务器；2015 年《地图管理条例》规定了设施本地化的要求，但并没有禁止地图数据流出，规定互联网地图服务单位应将存放地图数据的服务器设在我国境内，并制定互联网地图数据安全管理制度和保障措施。2016 年公布的《网络预约出租汽车经营服务管理暂行办法》规定网约车平台公司采集的个人信息和生成的业务数据，应当在我国境内存储和使用。

同时，我国跨境数据流动的管理要求在落地实施方面不断加快步伐，构建了可行路径。 《网络数据安全管理条例（征求意见稿）》《工业和信息化领域数据安全管理办法（试行）》等文件中提出了明确重要数据的具体办法，有望进一步指导企业明确重要数据的类型，《数据出境安全评估办法》中进一步明确了安全评估的具体要求、条件、程序。同时，国家网信部门等也在加紧制定标准合同模板，有助于指导企业通过各种方式跨境传输数据。

第二节　《数据安全法》中的数据跨境流动 管理制度分析

《数据安全法》在《网络安全法》的基础上补充完善了重要数据的跨境流动管理制度。一方面,《数据安全法》第三十一条明确了关键信息基础设施的运营者在我国境内运营中收集和产生的重要数据的出境安全管理应适用《网络安全法》第三十七条提出的"一般情形 + 例外规定",即关键信息基础设施的运营者因业务需要,确需向境外提供重要数据的,一般情况下应由使用国家网信部门会同国务院有关部门制定的办法进行安全评估,法律、行政法规另有规定的则从其规定。另一方面,对于其他数据处理者在我国境内运营中收集和产生的重要数据,目前可参考的规定是 2021 年 11 月 14 日,国家互联网信息办公室发布的《网络数据安全管理条例(征求意见稿)》,其中第三十七条规定"数据处理者向境外提供在中华人民共和国境内收集和产生的数据,属于以下情形的,应当通过国家网信部门组织的数据出境安全评估:(一)出境数据中包含重要数据……",按照该条规定,其他数据处理者的重要数据也应当通过安全评估的方式出境。

另外,与《网络安全法》相比,《数据安全法》针对向外国司法或者执法机构提供数据、出口管制数据、数据歧视等情形明确了具体的要求。

第一,明确了向外国司法或者执法机构提供数据的必须经过批准。《数据安全法》第三十六条规定,"非经中华人民共和国主管机关批准,境内的组织、个人不得向外国司法或者执法机构提供存储于中华人民共和国境内的数据"。这一条款制定的背景是近年来数据管辖权冲突日益激烈的国际环境。2018年3月，在微软爱尔兰数据案后，美国国会通过《澄清域外合法使用数据法》，其中第103(a)(1)条规定"电子通信服务提供商和远程计算服务提供商应当依据本章规定，保存、备份或披露其拥有、监管或控制的用户通信数据、记录及其他信息，无论该通信数据、记录及其他信息存储于美国境内或境外"，从而为数据领域的"长臂管辖"规则提供了基础。在这一背景下，《数据安全法》的规定再度明确了我国对境内数据的管辖权，充分体现了我国维护数据主权和国家安全的决心。《数据安全法》还特别明确了未经主管机关批准向外国司法或者执法机构提供数据的法律责任，包括对企业和直接负责的主管人员的罚款、责令企业暂停相关业务、停业整顿、吊销相关业务许可证或者吊销营业执照等。这一明确的法律责任形式，不仅意味着《数据安全法》第三十六条的规定是企业应严格履行的一项数据合规义务，也使企业在对抗外国司法或者执法机构可能的数据调取要求时，拥有了可援引的有力法律规则。

第二，明确了对出口管制数据的规定。《数据安全法》第二十五条规定，"国家对与维护国家安全和利益、履行国际义务相关的属于管制物项的数据依法实施出口管制"。《出口管制法》明确指出管制物项的范围包括技术资料等数据。具体而言，《出口管制法》第二条规定，"国家对两用物项、军品、核以及其他与维护国家安全和利益、履行防扩散等国际义务相关的货物、技术、服务等物项（以下统称管制物项）的出口管制，适用本法。前款所称管制物项，包括物项相关的技术资料等数据"。《数据安全法》在数据保护领域立法中，明确了技术资料等数据出口属于出口管制监管范围，如果予以出口，需申请相应的出口许可证，从而进一步确保了涉及限制出口的两用物项技术资料的安全。

　　第三，明确了针对数据歧视的对等措施。《数据安全法》第二十六条中设置了一项针对数据歧视的规定，即"任何国家或者地区在与数据和数据开发利用技术等有关的投资、贸易等方面对中华人民共和国采取歧视性的禁止、限制或者其他类似措施的，中华人民共和国可以根据实际情况对该国家或者地区对等采取措施"。"对等措施"的设置多存在于贸易法与投资法领域，例如《中华人民共和国外商投资法》《出口管制法》等。在作为数据安全领域重要法律基础的《数据安全法》中加入对等措施，反映出立法机关将数据安全、数据技术认定为我国企业壮大发展的关键要素，也反映出我国立法机关在复杂国际背景下的未雨绸缪。

第三节　与其他国家或地区数据跨境流动管理制度的比较

　　从整体思路、具体目标、管理方式等角度来看，我国的数据跨境流动管理制度与全球主要国家和地区呈现出较为一致的目标和管理趋势。

　　（1）在整体思路上，我国与其他国家和地区一样，均希望确保数据能够在安全的前提下实现有序、自由流动

　　近年来，我国与美国、日本、英国、法国、德国、新加坡等国家构建数据跨境流动规则体系，体现出我国在对待数据跨境流动方面与其他国家和地区具有目标一致性。**签署《大阪数字经济宣言》。**2019 年 6 月，在 G20峰会上，我国与美国、日本等国家共同签署了《大阪数字经济宣言》，提出建立允许数据跨境自由流动的"数据流通圈"，强调数字化能够鼓励创新与经济增长，拥有解决国际社会课题的可能性。**签署《区域全面经济伙伴关系协定》。**2020 年 11 月，我国和日本、韩国、澳大利亚、新西兰，以及东盟十国共 15 个亚太国家正式签署了《区域全面经济伙伴关系协定》，其中针对数据跨境流动达成一致性协议，为促进区域内数据跨境奠定了良好的基础。

（2）在具体目标上，我国数据跨境流动管理制度在于实现个人数据保护、公共利益、国家安全等合法合理目标，与国际关注重点一致

首先，**对个人信息的跨境流动进行管理是出于保护个人数据、个人隐私和维护国家安全利益的需要。**个人信息包含了大量涉及个人身份、行为、特征、喜好、习惯等数据，涉及个人的人格、尊严、自由和隐私利益，违规收集、滥用个人信息会导致危害交易安全、扰乱市场竞争、破坏网络空间秩序、危害国家安全等风险。当前，个人信息的跨境流动日益频繁，但由于不同国家或地区针对个人信息保护的法律制度、保护水平和力度存在差异，个人信息跨境风险问题更加复杂，例如全球个人信息泄露事件频繁发生，2020 年涉及个人信息的数据泄露事件有 68 起，累计超过 48 亿人次的姓名、联系方式等身份标识信息被泄露。针对个人信息的出境进行数据跨境流动管理，致力于在保护个人信息安全的同时，建立科学合理的跨境规制体系，既是适应国际经贸往来、促进数字经济发展的现实需要，也是维护广大人民切身利益、公共利益、国家安全的必然要求。

其次，**对重要数据的出境进行管理是维护公共利益、保障国家安全的必然需要。**《数据安全法》对数据分类分级做出了专门规定，提出："国家建立数据分类分级保护制度，根据数据在经济社会发展中的重要程度，以及一旦遭到篡改、破坏、泄露或者非法获取、非法利用，对国家安全、公共利益或者个人、组织合法权益造成的危害程度，对数据实行分类分级保护。国家数据安全工作协调机制统筹协调有关部门制定重要数据目录，加强对重要数据的保护。关系国家安全、国民经济命脉、重要民生、重大公共利益等数据属于国家核心数据，实行更加严格的管理制度。"2021年8月，国家互联网信息办公室、国家发展和改革委员会、工业和信息化部、公安部、交通运输部联合颁布的《汽车数据安全管理若干规定（试行）》，也明确规定"重要数据是指一旦遭到篡改、破坏、泄露或者非法获取、非法利用，可能危害国家安全、公共利益或者个人、组织合法权益的数据"，并在汽车领域对重要数据进行了列举。2021年7月，工业和信息化部发布《基础电信企业重要数据识别指南》，将重要数据界定为"企业在运营中收集、产生、控制的不涉及国家秘密，但与国家安全、经济发展、社会稳定，以及公共利益密切相关的数据，特别是与国家基础通信网络安全密切相关的数据"。由此可见，重要数据是始终站在数据背后的重要价值保护之上的概念，不是涉及个人、某个企业的数据类型，其重要性针对的是整体层面的利益保护，即保护国家安全、国计民生、公共利益。通过数据跨境流动维护重要数据的安全，是保障一国经济、社会、公共利益的必然需要。

最后，我国的数据跨境流动管理制度与欧盟、美国、新加坡、智利、新西兰等全球主要国家和地区的管理思路具有一致性，是符合国际趋势的表现。当前，全球各国普遍将数据作为国家战略性资源，例如美国2012年3月推出《大数据研究和发展倡议》，明确提出应当通过对数据的治理和使用，加快科学、工程领域的创新步伐，强化美国国土安全；欧盟在2020年发布的《数据战略》中也明确提出要通过保护欧盟公民数据、吸引其他国家数据流入来实现欧盟的数据主权和技术主权。出于数据的重要性考虑，全球主要国家和地区也实施了对数据跨境流动的管理，主要涉及个人数据和重要数据类型。一方面，个人数据是新加坡、智利、新西兰进行跨境管理的主要数据类型，目的在于保护个人隐私，同时也是包括欧美在内的其他国家和地区所关注的数据跨境流动管理对象。欧盟对个人数据保护进行严格规定的《通用数据保护条例》在 2018 年 5 月生效之后，包括数据跨境流动在内的各项规则均成为全球个人数据保护的标杆，被称为全球最严格的个人数据保护立法，对于没有达到个人数据跨境流动管理要求的，欧盟公民的个人数据不能流通到欧盟域外的国家。另一方面，重要数据类型虽然在各个国家的关注重点不同，但从国际趋势来看，全球主要国家和地区均根据自身需要设置了重要数据本地化的要求，例如美国对国防数据、金融数据、敏感个人数据的出境进行限制，微软公司宣布了一项名为"微软云的欧盟数据边界"的新举措，旨在使欧盟客户在 2022 年前将其所有数据存储在欧盟地区，也反映出欧盟立法对于数据保护的严格管理已经使数据呈现本地化趋势，智利对银行的"重要"或"战略性"外包数据设置了本地化要求，新西兰对国税数据设置了本地化要求等。对个人数据和重要数据的出境管理体现了不同国家的不同政策的考量。**从国际趋势来看，我国的政策似乎比一些国家的规定要宽松**，考虑到需要评估的数据类型的敏感性和重要性，很多国家针对这些类型的数据直接设置了数据本地化的要求，绝对禁止流入境外，而我国并没有做出这样的规定，而是采取了具体情况具体分析的方式，允许这类数据进行安全评估，通过安全评估决定是否可以出境。

（3）在管理方式上，我国数据跨境流动管理的方式、关注重点也是国际普遍趋势

我国 3 部立法针对数据跨境流动设置的安全评估、保护认证、标准合同 3 种管理方式具有合理性和必要性，不同管理方式混合使用可以满足不同管理需求，符合业务中的相关需要，有利于实现数据跨境安全、自由流动。

首先，**安全评估的适用具有合理性**。虽然安全评估相对较为严格，需要由网信部门会同其他行业主管部门进行，但安全评估的范围和要求也是有限的。**一是安全评估并不针对所有数据**。根据《网络安全法》《数据安全法》《个人信息保护法》《数据出境安全评估办法》等规定，安全评估只涉及以下具体的重点数据类型：（一）关键信息基础设施的运营者收集和产生的个人信息和重要数据；（二）出境数据中包含重要数据；（三）处理个人信息达到一百万人的个人信息处理者向境外提供个人信息；（四）累计向境外提供超过十万人个人信息或者一万人以上敏感个人信息。**二是安全评估并非一事一议**。根据《数据出境安全评估办法》的规定，安全评估并非实时的一事一议，数据出境评估结果的有效期为两年，在有效期内只有出现以下情形的，数据处理者才应重新申报评估：（一）向境外提供数据的目的、方式、范围、种类和境外接收方处理数据的用途、方式发生变化影响出境数据安全的，或者延长个人信息和重要数据境外保存期限的；（二）境外接收方所在国家或者地区数据安全保护政策法规和网络安全环境发生变化以及发生其他不可抗力情形、数据处理者或者境外接收方实际控制权发生变化，数据处理者与境外接收方法律文件变更等影响出境数据安全的；（三）出现影响出境数据安全的其他情形。**三是安全评估并不会绝对造成数据不能流动的结果**。由于安全评估涉及的数据根据相关法律的规定，安全评估可能导致两种结果：一种是数据过于敏感，可能会被禁止出境（很多国家的规定也是这样的，与国际趋势相符）；另一种是数据出境的风险不大，或已经通过安全保障措施解决风险，允许数据出境。当前，实践中已经存在重要企业通过安全评估进行数据跨境流动的实践案例。

其次，安全评估具有必要性。当前，全球各个国家和地区之间的数据保护水平和管理制度具有非常大的差异性，主要国家和地区出于保护个人隐私、公共利益等合法公共政策目标的考虑，在开展数据跨境流动过程中非常关注数据流入国的数据保护情况，例如，欧盟《通用数据保护条例》中明确规定在涉及数据跨境流动"充分性保护认定"中，应重点评估数据流入国的数据保护法律规则、数据保护的监管水平等情况，同时数据流出方也应对数据接收方的数据安全保障措施、数据接收方所在国的数据保护水平进行评估和担保；日本《个人信息保护法》、新加坡《个人信息保护法》等法律中规定的"充分性保护认定"中关注的主要因素与此都有共通之处。**我国安全评估内容与国际主要国家和地区针对数据跨境流动涉及的关注重点具有一致性。**从我国立法来看，安全评估的重点事项涉及以下内容：数据出境及境外接收方处理数据的目的、范围、方式等的合法性、正当性、必要性；出境数据的数量、范围、种类、敏感程度，数据出境可能对国家安全、公共利益、个人或者组织合法权益带来的风险；数据处理者在数据转移环节的管理和技术措施、能力等能否防范数据泄露、毁损等风险；境外接收方承诺承担的责任义务，以及履行责任义务的管理和技术措施、能力等能否保障出境数据的安全；数据出境和再转移后泄露、毁损、篡改、滥用等风险，个人维护个人信息权益的渠道是否畅通等；与境外接收方订立的数据出境相关合同是否充分约定了数据安全保护责任义务。这些内容均是数据跨境流动过程中为了确保数据安全应重点关注的，同时也是为了实现保障数据出境安全的重要目标，维护数据所涉及的个人或组织利益、公共利益，对数据出境进行重要事项评估也是管理过程中应当关注的重点内容。

再次，保护认证、标准合同也是重要的出境路径。除了《网络安全法》

《数据安全法》《个人信息保护法》《数据出境安全评估办法》等规定中明确的需要进行安全评估的数据类型外，其他的个人信息、非重要数据均可以通过专业机构的个人信息保护认证、国家网信部门制定的标准合同方式进行出境。两种方式并行的管理路径有助于加强对重点类型数据出境的严格管理，同时也能够在尽力保障安全的前提下便于其他类型数据的出境。在欧盟《通用数据保护条例》中，对于不满足"充分性保护认定"的国家，这两种方式也是实现数据出境过程中适当保障措施的重要举措。

最后，所有数据跨境流动路径均可落地实施。当前我国跨境数据流动的管理要求在落地实施方面也不断加快步伐，有利于进一步完善管理制度，构建数据出境可行路径。例如《网络数据安全管理条例（征求意见稿）》《工业和信息化领域数据安全管理办法（试行）》等文件中提出了明确重要数据的具体办法，有望进一步指导企业明确重要数据的类型，《数据出境安全评估办法》中进一步明确了安全评估的具体要求、条件、程序，同时，国家网信部门等相关部门也在加紧制定标准合同模板，有助于指导企业通过各种方式合法跨境传输数据。

第二篇

《数据安全法》与
其他相关文件

第八章 《数据安全法》及其主要配套规定制度分析

针对《数据安全法》中规定的数据安全制度，我国出台了相应的行政法规、部门规章、地方性法规等配套制度以促进其落地实施。

第一节 数据分级分类制度相关配套规定

我国尚未建立数据分级分类的统一标准，也未对重要数据和核心数据做出明确规定，但具体领域内的分级分类进入快车道。例如，2019 年 8 月，证券监督管理委员会发布《证券期货业数据分类分级指引》；2020 年 2 月，工业和信息化部出台《工业数据分级分类指南（试行）》；2020 年 9 月，中国人民银行发布《金融数据安全 数据安全分级指南》。具体行业领域的数据分级分类指南很可能会成为《数据安全法》中数据分级分类制度具体实施的衡量指标。

第二节 数据安全全流程保障制度相关配套规定

《数据安全法》通过对数据安全风险信息的获取、分析、研判、预警，以及数据安全事件发生后的应急处置，实现数据安全事前、事中和事后的全流程保障，相关配套规定对全流程做出进一步的强化和细化补充。**一是从制度衔接上看**，数据安全风险评估、报告、信息共享、监测预警机制是国家安全制度的组成部分。《国家安全法》第四章第三节建立了风险预防、评估和预警的相关制度，规定国家制定完善应对各领域国家安全风险预案。

数据安全风险评估、报告、信息共享、监测预警机制是《国家安全法》规定的风险预防、评估和预警相关制度在数据安全领域的具体落实。**二是从保护阶段上看，**数据安全风险评估、报告和信息共享构成了数据安全保护的事前保护义务，《网络数据安全管理条例（征求意见稿）》第三十二条对网络安全风险评估做出了自评估、定期评估、场景评估等相关具体要求，工业和信息化部《互联网网络安全信息通报实施办法》对信息报送做出具体要求；监测预警机制构成了数据安全保护的事中保护义务，《信息安全技术 网络安全监测基本要求和实施指南》《公共互联网网络安全威胁监测与处置办法》《国家网络安全事件应急预案》明确了监测预警的具体要求；数据安全事件的应急处置机制形成对数据安全的事后保护，例如，《国家网络安全事件应急预案》第 2.1 条，《突发事件应急预案管理办法》第二条到第五条。

第三节　安全审查制度相关配套规定

数据安全审查制度赋予国家对影响或者可能影响国家安全的数据活动进行安全审查的职责。当前我国已通过《国家安全法》《网络安全法》《中华人民共和国外商投资法》《中华人民共和国密码法》《关键信息基础设施安全保护条例》《网络安全审查办法（修订草案征求意见稿）》《网络数据安全管理条例（征求意见稿）》等法律法规，建立起包括网络安全审查、数据安全审查、外商投资审查等在内的国家安全审查体系。一方面，《数据安全法》中规定的数据安全审查制度的法律基础仍然是《国家安全法》，该条本质上规定的是数据安全领域的国家安全审查。《网络安全法》中关于网络安全审查的表述也同样是"国家安全审查"，实际上，可以将其理解为国家安全审查制度在网络安全、数据安全等领域的具体适用，审查内涵由国家安全而展开，并非重复构建的审查制度。另一方面，数据安全审查和网络安全审查、外商投资审查等之间存在着融合与交叉，关系有待进一步明确。例如，根据《网络安全审查办法（修订草案征求意见稿）》第二条规定，网络安全审查的对象既包括关键信息基础设施运营者采购网络产品和服务，又包括数据处理者开展数据处理活动，可以理解为数据安全审查是网络安全审查的重要组成部分。

第四节　数据跨境流动管理制度相关配套规定

《数据安全法》确立属于管制物项的数据出口管制、重要数据出境、向外国司法或执法机构提供存储在我国境内的数据等数据出境管理制度，规定了境外执法、司法和投资、贸易的反制措施，同时对相关罚则予以明确，与其他相关立法形成相互补充，并不断通过配套立法做出进一步的明确。一是与其他相关配套规定共同组成"评估＋管制"的数据跨境流动基本管理机制，例如《网络安全法》第三十七条，《中华人民共和国出口管制法》第二条、第十二条、第三十二条，《中华人民共和国密码法》第二十八条；二是与其他相关配套规定共同强化了重要数据的出境规则，例如《数据出境安全评估办法》《个人信息出境标准合同办法》《网络数据安全管理条例（征求意见稿）》等；三是与其他相关配套规定共同明确了处理外国司法或执法机构提供数据请求的处理规则，例如《网络安全法》第三十七条、第五十条、第六十六条，《中华人民共和国刑法》第二百一十九条、第二百五十三条、第三百九十八条，《中华人民共和国国际刑事司法协助法》第四条，《中华人民共和国民事诉讼法》第二百七十七条；四是与其他相关配套规定共同明确了对等反歧视措施，例如《中华人民共和国外商投资法》

第二十八条到第三十条、第三十四条、第三十五条,《中华人民共和国反外国制裁法》第三条、第十三条,《阻断外国法律与措施不当域外适用办法》第五条、第六条、第十二条。

第五节　数据安全管理制度相关配套规定

《数据安全法》与《网络安全法》《个人信息保护法》等共同构成我国数字经济发展与安全的制度保障,例如《网络安全法》第九条、第十条,《个人信息保护法》第九条、第十一条。另外《网络数据安全管理条例(征求意见稿)》《工业和信息化领域数据安全管理办法(试行)》等也对数据安全管理制度做出进一步细化。

第六节　数据交易管理制度相关配套规定

《数据安全法》明确数据交易制度,规定数据交易中介服务机构的相关义务,但我国目前尚未建立专门的数据交易法律规范体系,对数据采集、使用、传输和交易等行为的调整依据主要依赖于《全国人民代表大会常务委员会关于加强网络信息保护的决定》《网络安全法》《中华人民共和国民法典》《电信和互联网用户个人信息保护规定》等关于个人信息保护的规定,以及《中华人民共和国电子商务法》中对于留存、审核交易记录义务的相关规定。

实践中,不少地区已就数据交易展开积极的探索。《贵州省大数据发展应用促进条例》《贵阳大数据交易所702号公约》《中关村数海大数据交易平台规则》,以及上海数据交易中心发布的《数据互联规则》等地方性法规和数据交易中心的自律性规范对构建数据交易的模式和规则做出积极的尝试。

第九章 《数据安全法》相关标准建设情况

　　《数据安全法》对数据安全相关标准的建设工作进行了规定。其中，第十条规定，相关行业组织按照章程，依法制定数据安全行为规范和团体标准。第十一条规定，国家参与数据安全相关国际规则和标准的制定。第十七条规定，国务院标准化行政主管部门和国务院有关部门根据各自的职责，组织制定并适时修订有关数据开发利用技术、产品和数据安全相关标准。国家支持企业、社会团体和教育、科研机构等参与标准制定。因此，按照《数据安全法》要求，数据安全相关标准建设工作的承担单位为**相关行业组织、国务院标准化行政主管部门及国务院有关部门**，标准类型包括**数据安全行为规范、团体标准，以及数据开发利用技术、产品和数据安全相关标准等。**

　　根据对《数据安全法》重点制度的梳理，下一步数据安全相关标准建设的重点将围绕以下 6 项制度进行。一是数据分类分级保护制度相关标准（第二十一条）。标准目标是对数据实行分类分级保护，并确定重要数据目录，加强对重要数据的保护。二是风险评估制度相关标准（第二十二条）。标准目标为建立集中统一、高效权威的数据安全风险评估、报告、信息共享、监测预警机制。三是应急处置制度相关标准（第二十三条）。标准目标为配合数据安全应急处置机制。四是安全审查制度相关标准（第二十四条）。

标准目标为配合对影响或者可能影响国家安全的数据处理活动进行国家安全审查。五是出口管制制度相关标准（第二十五条）。标准目标为配合对属于管制物项的数据依法实施出口管制。六是政务数据开放制度相关标准（第四十二条）。标准目标为构建统一规范、互联互通、安全可控的政务数据开放平台。

由于前期的工作积累，数据安全相关标准建设已具有一定规模，呈现一定的体系性特征。根据工业和信息化部《网络数据安全标准体系建设指南（征求意见稿）》的分类，**网络数据安全标准体系包括基础共性、关键技术、安全管理、重点领域四大类标准。基础共性标准**包括术语定义、数据安全框架、数据分类分级，相关标准为各类标准提供基础性支撑。**关键技术标准**从数据采集、数据传输、数据存储、数据处理、数据交换、数据销毁等数据全生命周期维度对数据安全关键技术进行规范。**安全管理标准**从网络数据安全保护的管理视角出发，指导行业有效落实法律法规关于网络数据安全管理的要求，包括数据安全规范、数据安全评估、监测预警与处置、应急响应与灾难备份、安全能力认证等。**重点领域标准**结合相关领域的实际情况和具体要求，指导行业有效开展重点领域的网络数据安全保护工作。网络数据安全标准体系框架如图 9-1 所示。

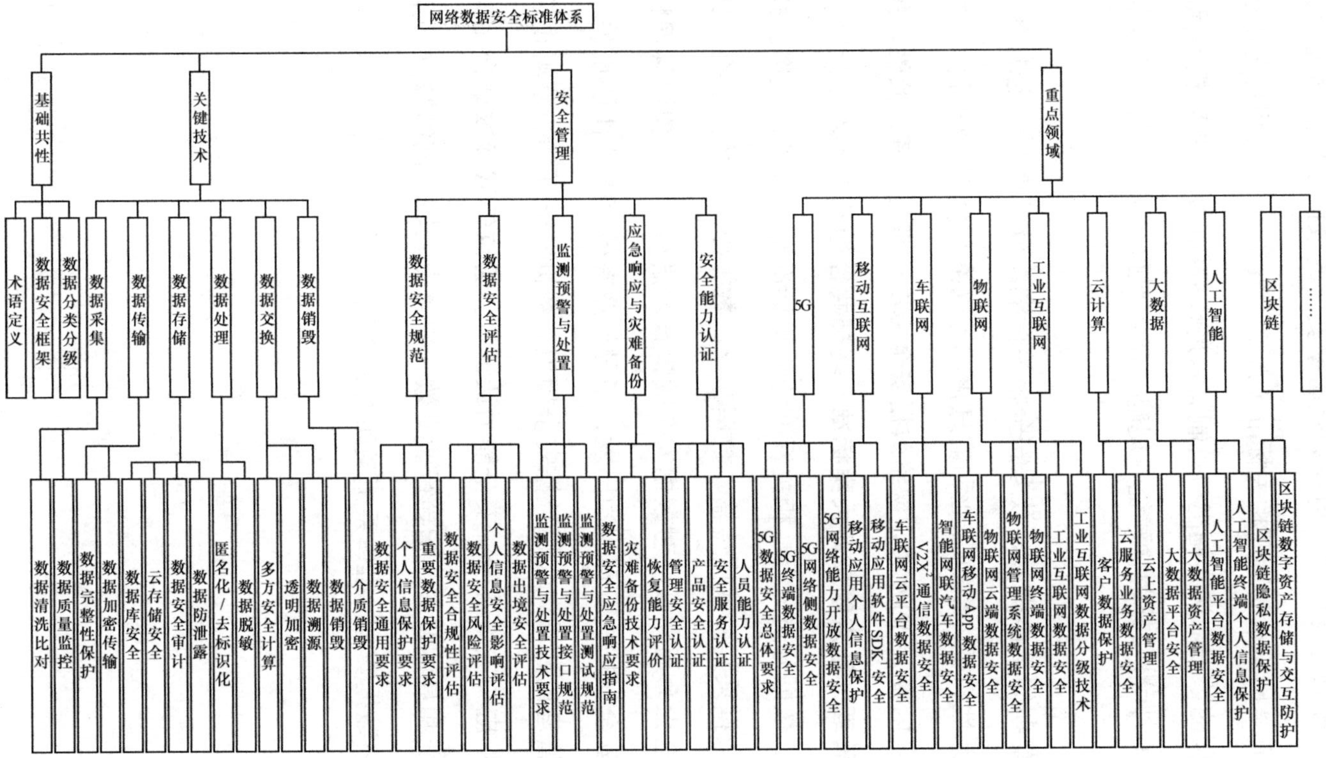

网络数据安全标准体系

重点领域
- 区块链 —— 区块链数字资产存储与交互防护；区块链隐私数据保护
- 人工智能 —— 人工智能终端个人信息保护；人工智能平台数据安全管理
- 大数据 —— 大数据平台数据安全管理；大数据上云资产数据管理
- 云计算 —— 云服务商业务数据安全；云用户数据保护技术
- 工业互联网 —— 工业互联网数据分级技术；工业互联网数据安全
- 物联网 —— 物联网终端数据安全；物联网管理云端数据安全；物联网云端系统数据安全
- 车联网 —— 智能网联汽车数据安全；V2X通信数据安全；车联网云平台数据安全；车联网移动App数据安全
- 移动互联网 —— 移动应用软件SDK安全；移动应用个人信息保护
- 5G —— 5G网络能力开放数据安全；5G网络侧数据安全；5G终端数据安全；5G数据安全总体要求

安全管理
- 安全能力认证 —— 安全人员能力服务认证；安全服务认证；产品安全认证；管理安全认证
- 应急响应与灾难备份 —— 灾难恢复能力评价技术；数据安全应急响应要求；数据安全应急响应指南
- 监测预警与处置 —— 监测预警与处置接口试验规范；监测预警与处置技术要求
- 数据安全评估 —— 个人信息安全影响评估；数据安全出境安全评估；数据安全风险评估；数据安全合规性评估
- 数据安全规范 —— 个人信息保护要求；重要数据保护要求；数据安全通用保护要求

关键技术
- 数据销毁 —— 介质数据销毁；数据销毁监测
- 数据交换 —— 透明数据加密；多方安全计算
- 数据处理 —— 数据脱敏；匿名化/去标识化
- 数据存储 —— 数据防泄露；数据库安全审计；云存储安全
- 数据传输 —— 数据加密传输；数据安全传输
- 数据采集 —— 数据完整性保护

基础共性
- 数据分类分级
- 数据安全框架
- 术语定义
- 数据质量监控比对；数据清洗比量监控比对

图9-1 网络数据安全标准体系框架

注：1. SDK（Software Development Kit，软件开发工具包）。
　　2. V2X（Vehicle to X），是指车对外界的信息交换。

第一节 基础共性标准

基础共性标准是网络数据安全保护的基础性、通用性、指导性标准，包括术语定义、数据安全框架、数据分类分级等标准。基础共性标准子体系如图 9-2 所示。

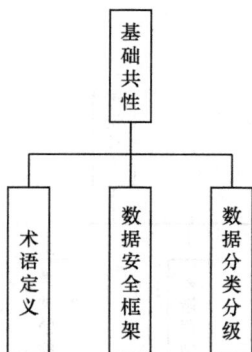

图 9-2 基础共性标准子体系

（1）术语定义

术语定义标准用于规范网络数据安全相关概念，为其他部分标准的制定提供支撑，包括技术、规范、应用领域的相关术语、概念定义、相近概念之间的关系等。

（2）数据安全框架

数据安全框架标准包括网络数据安全体系框架及各部分参考框架，以明确和界定网络数据安全的角色、职责、边界、各部分的层级关系和内在联系。

（3）数据分类分级

数据分类分级标准可以用于指导对网络数据进行分类分级，给出数据分类分级的基本原则、维度、方法、示例等，为数据安全分类分级保护提供依据，为数据安全规范、数据安全评估等方面的标准制定提供支撑。

第二节　关键技术标准

关键技术标准从采集、传输、存储、处理、交换、销毁等数据全生命周期维度出发，对网络数据安全的关键技术进行规范。关键技术标准子体系如图9-3所示。

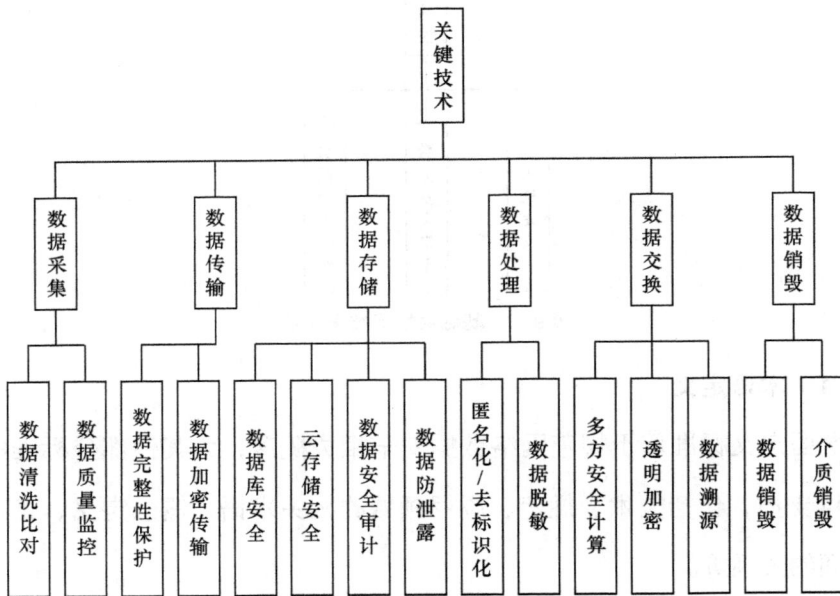

图9-3　关键技术标准子体系

（1）数据采集

数据采集标准可以用于规范数据采集格式、数据标签、数据审查校验等方面的相关技术要求，有效提升数据质量，主要包括数据清洗比对、数据质量监控等标准。

（2）数据传输

数据传输标准可以用于规范数据传输过程中标准化的功能架构、安全协议及其他安全相关技术要求，主要包括数据完整性保护、数据加密传输等标准。

（3）数据存储

数据存储标准可以用于规范存储平台安全机制、数据安全存储、安全审计、安全防护等相关技术要求，主要包括数据库安全、云存储安全、数据安全审计、数据防泄露等标准。

（4）数据处理

数据处理标准可以用于规范敏感数据、个人信息的保护机制及相关技术要求，明确敏感数据保护的场景、规则、技术方法，主要包括匿名化 /去标识化、数据脱敏等标准。

（5）数据交换

数据交换标准可以用于规范数据安全交换模型、角色权责定义、安全管控技术框架，并明确数据溯源模型、过程和方法，支撑数据安全共享、审计和监管，主要包括多方安全计算、透明加密、数据溯源等标准。

（6）数据销毁

数据销毁标准可以用于规范数据销毁和介质销毁的安全机制及技术要求，确保存储数据永久删除、不可恢复，主要包括数据销毁、介质销毁等标准。

第三节　安全管理标准

安全管理标准从网络数据安全保护的管理视角出发，指导行业有效落实法律法规及政府主管部门的管理要求，包括数据安全规范、数据安全评估、监测预警与处置、应急响应与灾难备份、安全能力认证等。安全管理标准子体系如图9-4所示。

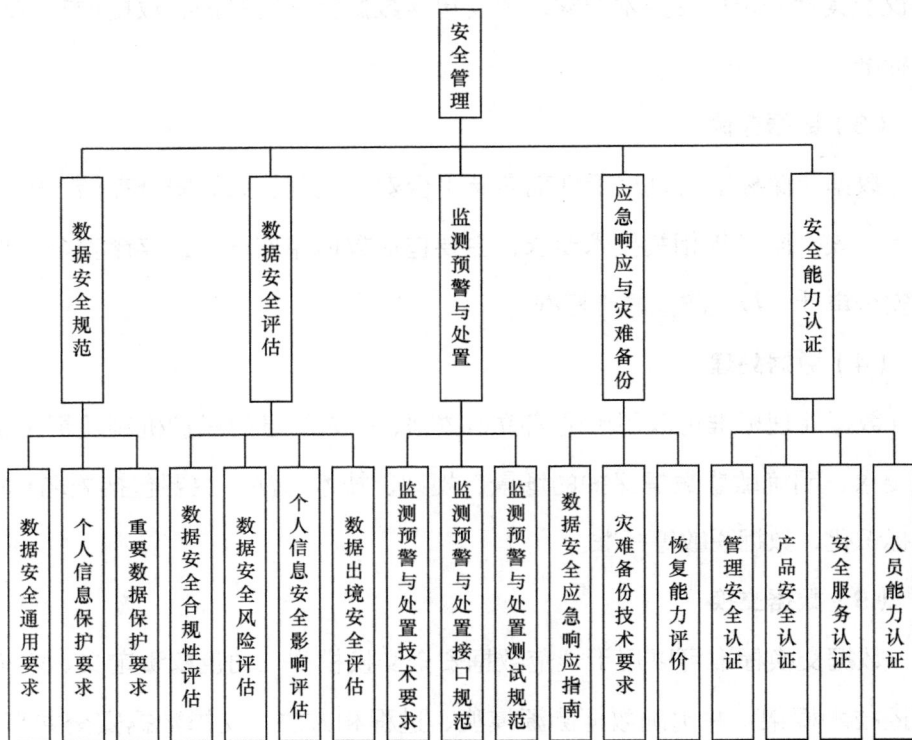

图9-4　安全管理标准子体系

（1）数据安全规范

数据安全规范标准可以用于落实细化相关法律法规对网络数据安全保护的要求，对行业开展数据安全管理提供指导和规范，主要包括数据安全通用要求、个人信息保护要求、重要数据保护要求等标准。

（2）数据安全评估

数据安全评估标准可以用于指导行业落实网络数据安全评估的要求，明确评估的基本概念、要素关系、分析原理、评估方法、实施流程、实施要点和工作形式等要素，指导行业规范开展网络数据安全评估工作，主要包括数据安全合规性评估、数据安全风险评估、个人信息安全影响评估、数据出境安全评估等标准。

（3）监测预警与处置

监测预警与处置标准从政府主管部门监管需求的视角出发，明确数据安全监测预警与处置系统及其技术要求，结合数据的敏感度、量级、流向及账号权限等进行综合分析，实时动态追踪数据安全风险，主要包括监测预警与处置方面的技术要求、接口规范、测试规范等标准。

（4）应急响应与灾难备份

应急响应与灾难备份标准可以用于规范数据安全事件的应急响应管理、处置措施，规范灾难备份及恢复工作的目标和原则、技术要求，以及实施方法，主要包括数据安全应急响应指南、灾难备份技术要求、恢复能力评价等标准。

（5）安全能力认证

安全能力认证标准可以用于规范组织及人员数据安全保障能力、产品与服务数据安全保护水平、数据安全服务能力等相关认证要求，可以指导网络运营者与安全服务机构提升自身的安全能力、服务能力，主要包括管理安全认证、产品安全认证、安全服务认证、人员能力认证等标准。

第四节　重点领域标准

在基础共性标准、关键技术标准、安全管理标准的基础上，我国结合新一代信息通信技术的发展情况，在5G、移动互联网、车联网、物联网、工业互联网、云计算、大数据、人工智能、区块链等重点领域进行布局，并结合行业发展情况，逐步覆盖其他重点领域。结合重点领域的自身发展情况和网络数据安全保护需求，制定相关网络数据安全标准。重点领域标准子体系如图 9-5 所示。

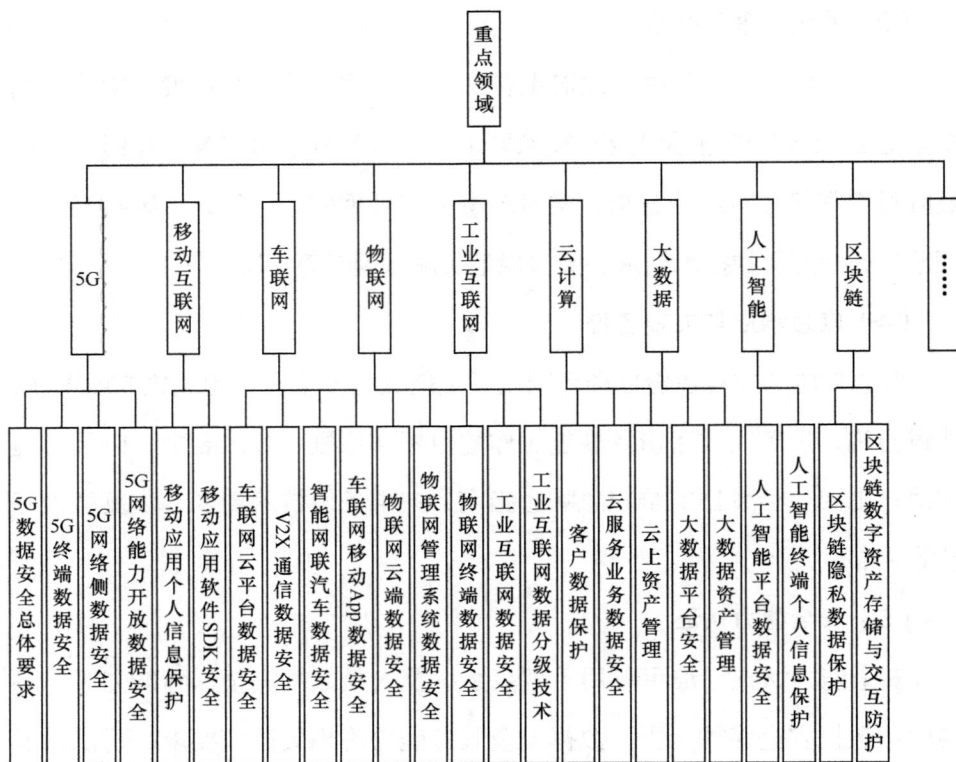

图 9-5　重点领域标准子体系

（1）5G

5G 安全机制在满足通用安全要求的基础上，为不同业务场景提供差异化安全服务，适应多种网络接入方式及新型网络架构，保护用户个人隐私，并支持提供开放的安全能力。5G 领域的网络数据安全标准主要包括 5G 数据安全总体要求、5G 终端数据安全、5G 网络侧数据安全、5G 网络能力开放数据安全等。

（2）移动互联网

传统的移动互联网安全主要包括终端安全、网络安全和应用安全等方面。随着开放生态体系下移动操作系统的普遍应用和数据的大规模流动，移动互联网的数据安全风险进一步凸显。移动互联网领域的网络数据安全标准主要包括移动应用个人信息保护、移动应用软件 SDK 安全等。

（3）车联网

车联网安全主要覆盖车内、车与车、车与路、车与人、车与服务平台的全方位连接和数据交互过程，数据安全和隐私保护贯穿于车联网的各个环节。车联网领域的网络数据安全标准主要包括车联网云平台数据安全、V2X 通信数据安全、智能网联汽车数据安全、车联网移动 App 数据安全等。

（4）物联网

物联网安全涵盖物联网的感知层、传输层、应用层，涉及服务端安全、终端安全和通信网络安全等方面，数据安全贯穿于其中的各个环节。物联网领域的网络数据安全标准主要包括物联网云端数据安全、物联网管理系统数据安全、物联网终端数据安全等。

（5）工业互联网

工业互联网安全重点关注控制系统、设备、网络、数据、平台、应用程序安全和安全管理等。工业互联网领域的网络数据安全标准主要包括工业互联网数据安全、工业互联网数据分级技术等。

（6）云计算

云计算安全以云主机安全为核心，涵盖网络安全、数据安全、应用安全、安全管理、业务安全等方面。云计算领域的网络数据安全标准主要包括客户数据保护、云服务业务数据安全、云上资产管理等。

（7）大数据

大数据安全覆盖数据全生命周期管理的各个环节，涵盖对大数据平台运行安全功能保障及以数据为对象进行资产管理等。大数据领域的网络数据安全标准主要包括大数据平台安全、大数据资产管理等。

（8）人工智能

人工智能安全覆盖个人信息安全、算法安全、数据安全、网络安全等。人工智能领域的网络数据安全标准主要包括人工智能平台数据安全、人工智能终端个人信息保护等。

（9）区块链

区块链安全包括应用服务的安全性、系统设计的安全性（包含智能合约、共识机制）、基础组件的安全性（包含网络通信、数据安全、密码技术）3个维度。区块链领域的网络数据安全标准主要包括区块链隐私数据保护、区块链数字资产存储与交互防护等。

第三篇

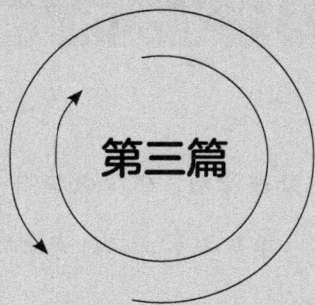

《数据安全法》
条文释义

第一章 总 则

第一条 为了规范数据处理活动，保障数据安全，促进数据开发利用，保护个人、组织的合法权益，维护国家主权、安全和发展利益，制定本法。

【释义】

本条是立法目的的规定。《数据安全法》的规范对象是数据处理活动。在互联网经济时代，数据是新的生产要素，是基础性资源和战略性资源，也是重要的生产力。党的十九届四中全会通过的《中共中央关于坚持和完善中国特色社会主义制度 推进国家治理体系和治理能力现代化若干重大问题的决定》明确将数据列为生产要素。随着数据活动在生产和生活中海量增加，数据安全问题愈发凸显，给公民个人权益、产业健康发展甚至国家安全带来诸多风险，将数据安全问题纳入法治轨道具有必要性和紧迫性。

第一，坚持保障数据安全与促进数据开发利用并重是《数据安全法》在立法时坚持的一项基本原则。近年来，我国不断推进网络强国、数字中国、智慧社会建设，以数据为新生产要素的数字经济蓬勃发展，数据的竞争已成为国际竞争的重要领域。《数据安全法》坚持安全与发展并重，在规范数据处理活动的同时，对支持促进数据安全与发展的措施、推进政务数据开放利用等做出相应规定，通过促进数据依法合理有效利用，充分发挥数据的基础资源作用和创新引擎作用，加快形成以创新为主要引领和支撑的数字经济，更好地服务我国经济社会发展。

第二，保护个人、组织的合法权益是制定《数据安全法》的重要目的。数字经济为人民群众的生产和生活提供了很多便利，同时，各类数据的拥有主体更加多样，处理活动更复杂，一些企业、机构忽视数据安全保护、利用数据侵害公民合法权益的问题也很突出，社会反映强烈。《数据安全法》明确了相关主体依法依规开展数据处理活动，建立健全数据安全管理制度，加强风险监测和及时处置数据安全事件等义务和责任，通过严格规范数据处理活动，切实加强数据安全保护，让广大人民群众在数字化发展中获得更多的幸福感和安全感。

第三，维护国家主权、安全和发展利益是制定《数据安全法》的根本目的。数据是国家基础性战略资源，没有数据安全就没有国家安全。《数据安全法》贯彻落实总体国家安全观，聚焦数据安全领域的风险隐患，加强国家数据安全工作的统筹协调，确立了数据分类分级管理、数据安全审查、数据安全风险评估、监测预警和应急处置等基本制度。通过建立健全各项制度措施，提高国家数据安全保障能力，有效应对数据这一非传统领域的国家安全风险与挑战，切实维护国家主权、安全和发展利益。

第二条　在中华人民共和国境内开展数据处理活动及其安全监管，适用本法。

在中华人民共和国境外开展数据处理活动，损害中华人民共和国国家安全、公共利益或者公民、组织合法权益的，依法追究法律责任。

【释义】

本条规定本法的管辖范围。

从适用范围来看，《数据安全法》不仅适用于在我国境内开展数据活动，也具有一定的域外适用效力，即"属地主义＋保护主义"的管辖模式，彰显了我国维护国家安全和数据主权的信心和决心。具体到适用地域，只要在我国境内开展数据处理活动，无论是我国境内的组织、个人，还是我国境外的组织、个人，均适用本法。而对于未在我国境内开展数据处理活动的境外组织和个人，如果其数据处理活动损害了我国国家安全、公共利益或者公民、组织合法权益的，我国也会依法追究其法律责任。《数据安全法》规定必要的域外适用效力，与世界各国通过立法扩大数据方面的管辖权的做法相一致和相对应，有助于我国在激烈的数据竞争中掌握主动权和话语权，维护我国的国家主权和数据主权完整。此外，《数据安全法》第二条以"开展数据处理活动"的行为为标准规定了适用范围，没有限制适用主体。对于"数据处理"，《数据安全法》第三条将其界定为"包括数据的收集、存储、使用、加工、传输、提供、公开等"。

相较而言，《个人信息保护法》第三条确立了"属地主义＋域外适用"的管辖模式，即"在中华人民共和国境内处理自然人个人信息的活动，适用本法。在中华人民共和国境外处理中华人民共和国境内自然人个人信息的活动，有下列情形之一的，也适用本法：（一）以向境内自然人提供产品或者服务为目的；（二）分析、评估境内自然人的行为；（三）法律、行政法规规定的其他情形"。在尚未形成国际惯例和条约的现状下，通过国内立法进行域外效力扩张是多数国家维护数据主权并参与网络空间国际治理的通行做法。《数据安全法》和《个人信息保护法》的管辖模式是我国维护数据主权和参与国际数据治理的积极举措。

第三条 本法所称数据，是指任何以电子或者其他方式对信息的记录。

数据处理，包括数据的收集、存储、使用、加工、传输、提供、公开等。

数据安全，是指通过采取必要措施，确保数据处于有效保护和合法利用的状态，以及具备保障持续安全状态的能力。

【释义】

本条的规范对象是《数据安全法》的具体适用范围和调整对象，明确界定"数据""数据处理"和"数据安全"3个关键概念。

《网络安全法》规定，"网络数据"的完整性、保密性和可用性是"网络安全"的基本内容之一，其对"网络数据"的定义是："通过网络收集、存储、传输、处理和产生的各种电子数据[1]"。《数据安全法》将数据定义为"任何以电子或者其他方式对信息的记录"。相比于《网络安全法》，《数据安全法》显然已经突破了网络语境，填补了已有立法无法有效规制纯线下、不借助网络开展数据活动的立法空白。《中华人民共和国民法典》（以下简称《民法典》）将"个人信息的处理"的内涵界定为"个人信息的收集、存储、使用、加工、传输、提供、公开等"[2]。《数据安全法》对于数据处理活动的界定与《民法典》保持了一致性[3]。从本法对于"数据安全"的界定来看，其对数据安全提出了两个要求：一是行为要求，这里的必要措施一般包含技

---

1 《网络安全法》第七十六条第（四）项。

2 《民法典》第一千零三十五条第二款。

3 《数据安全法》最终颁布的版本与《民法典》在数据处理（个人信息的处理）的界定上保持一致，但《数据安全法（草案）》最开始对数据处理的界定是"数据的收集、存储、加工、使用、提供、交易、公开等行为"，相较于《民法典》，二者都列举了"收集、存储、使用、加工、提供、公开"，但缺少"传输"，并增加"交易"。

术措施、管理措施等；二是效果要求，强调了数据不仅应当得到保护，还应当得到合法利用，同时与《网络安全法》的规定相类似，这种安全状态是持续性的，需要持续的投入和关注。

第四条　维护数据安全，应当坚持总体国家安全观，建立健全数据安全治理体系，提高数据安全保障能力。

【释义】

本条是关于数据安全工作基本原则的规定。重点从维护数据安全原则出发，确立了3个方面的内容：坚持总体国家安全观，建立健全数据安全治理体系，提高数据安全保障能力。

数据是国家基础性战略资源，没有数据安全就没有国家安全。因此，应当按照总体国家安全观的要求，通过立法加强数据安全保护，提高国家数据安全保障能力，有效应对数据这一非传统领域的国家安全风险与挑战，切实维护国家主权、安全和发展利益。当前，各类数据的拥有主体多样，处理活动复杂，安全风险加大，必须通过立法建立健全各项制度措施，切实加强数据安全保护，维护公民、组织的合法权益。发挥数据的基础资源作用和创新引擎作用，加快形成以创新为主要引领和支撑的数字经济，更好地服务我国经济社会发展，必须通过立法规范数据活动，完善数据安全治理体系，以安全保发展、以发展促安全[1]。中央国家安全委员会第一次会议提出，坚持总体国家安全观，走出一条中国特色国家安全道路。《数据安

1　《数据安全法（草案）》起草说明。

110

全法》按照总体国家安全观的要求，通过立法加强数据安全保护，有助于更好地规制与国家、公民和组织相关的全部数据处理活动，有助于提高国家数据安全保障能力。

第五条　中央国家安全领导机构负责国家数据安全工作的决策和议事协调，研究制定、指导实施国家数据安全战略和有关重大方针政策，统筹协调国家数据安全的重大事项和重要工作，建立国家数据安全工作协调机制。

【释义】

本条的规范对象是中央国家安全领导机构在数据安全工作中的责任定位。该条与第六条共同构成我国中央层面、地方层面、行业层面的数据安全责任体系，本条是关于在中央层面建立国家数据安全工作协调机制的规定。

数据安全是国家安全的一部分，《数据安全法》是广义的《国家安全法》体系的一部分。根据《国家安全法》的规定，中央国家安全领导机构负责国家安全工作的决策和议事协调，研究制定、指导实施国家安全战略和有关重大方针政策，统筹协调国家安全重大事项和重要工作，推动国家安全法治建设[1]，《数据安全法》则明确中央国家安全领导机构负责国家数据安全工作的决策和议事协调，研究制定、指导实施国家数据安全战略和有关重大方针政策，统筹协调国家数据安全的重大事项和重要工作，建立国家数据安全工作协调机制。该条说明我国从国家安全战略的高度统筹规划数据

1　《国家安全法》第五条。

安全问题，数据安全已经成为国家安全的重要组成部分。当前我国的中央国家安全领导机构是中央国家安全委员会。

由中央国家安全领导机构统筹和协调国家数据安全战略、政策和工作是完善我国数据安全治理体系的顶层制度设计。

第六条　各地区、各部门对本地区、本部门工作中收集和产生的数据及数据安全负责。

工业、电信、交通、金融、自然资源、卫生健康、教育、科技等主管部门承担本行业、本领域数据安全监管职责。

公安机关、国家安全机关等依照本法和有关法律、行政法规的规定，在各自职责范围内承担数据安全监管职责。

国家网信部门依照本法和有关法律、行政法规的规定，负责统筹协调网络数据安全和相关监管工作。

【释义】

本条规范的是地方和部门层面数据安全职责的具体分工。数据安全涉及各行业各领域，涉及多个部门的职责。本条规定了各地区、各部门、各行业主管部门的数据安全监管责任。本条与第五条一起构建了我国中央层面、地方层面、行业层面的数据安全监管体系。

本条第一款是关于地区和部门数据安全的总则性条款，规定了各地区、各部门需要对工作中收集和产生的数据及数据安全负责。从责任主体上来看，包括各地区和各部门的责任主体，形成条块责任的划分；从适用对象上来看，包括各责任主体在工作中所收集和产生的数据；从责任内容上来看，包括各地区、各部门的数据安全保护义务和数据安全监管责任。

《数据安全法》延续了《网络安全法》生效以来的"一轴两翼多级"的安全监管体系："一轴"指国家安全机关；"两翼"指公安机关和国家网信部门；"多级"指在行业横向范围主要体现在工业、电信、交通、金融等主管部门的共同参与，在行政架构方面主要体现在各地区、各部门对工作中收集和产生的数据进行安全管理。国家安全机关、公安机关、国家网信部门，以及工业、电信、交通、金融等主管部门均有权在各自的职权范围内监督和管理数据安全。

第七条 国家保护个人、组织与数据有关的权益，鼓励数据依法合理有效利用，保障数据依法有序自由流动，促进以数据为关键要素的数字经济发展。

【释义】

本条是对数据权益进行保护和促进数据的有效利用和流动的原则性规定。其含义主要包括以下 4 个方面。第一，国家保护个人、组织与数据有关的权益。《民法典》在"民事权利"章节规定"法律对数据、网络虚拟财产的保护有规定的，依照其规定"，个人、组织对数据享有人格权益和财产权益。《数据安全法》的保护对象并不限于国家安全，个人和组织的与数据相关的权益也是立法的保护对象。第二，鼓励数据依法合理有效利用。《数据安全法》坚持保障数据安全与促进数据开发利用并重的原则。以数据安全与发展并重为导向，坚持以数据开发利用和产业发展促进数据安全，以数据安全保障数据开发利用和产业发展。第三，保障数据依法有序自由流动。《数据安全法》鼓励对数据的有效利用必然会涉及数据流动。数据的价值就在于数据流动。数据流动包括境内流动和跨境流动，其分别适用于不同的法律规则。第四，促进以数据为关键要素的数字经济发展。近年来，我国不断推进网络强国、数字中国、智慧社会建设，以数据为新生产要素的数字经济蓬勃发展，数据的竞争已成为国际竞争的重要领域。《数据安全法》坚持安全与发展并重，在规范数据处理活动的同时，对支持促进数据安全与发展的措施、推进政务数据开放利用等做出相应规定，更好地服务我国经济社会发展。

第八条　开展数据处理活动，应当遵守法律、法规，尊重社会公德和伦理，遵守商业道德和职业道德，诚实守信，履行数据安全保护义务，承担社会责任，不得危害国家安全、公共利益，不得损害个人、组织的合法权益。

【释义】

本条的规范对象是数据处理活动主体的基本法律义务和伦理义务。对于开展数据处理活动的要求，《数据安全法》在第四章数据安全保护义务中做了详尽的规定，而本条则针对数据处理活动做了原则性的规定。现如今，数据无处不在，涉及的行业也越来越广泛，在数据成为新的生产要素时，新的问题也不断产生。因此，尽管《数据安全法》第四章已经对数据处理活动做了规定，但几乎不可能容纳所有的情形，与其他法律的原则性规定相同，此条规定可以起到查漏补缺的作用，在具体的规范无法适用时，可能会适用此条来进行相应的认定。

第九条　国家支持开展数据安全知识宣传普及，提高全社会的数据安全保护意识和水平，推动有关部门、行业组织、科研机构、企业、个人等共同参与数据安全保护工作，形成全社会共同维护数据安全和促进发展的良好环境。

【释义】

本条规定了数据安全保护社会共治，旨在提高全社会的数据安全保护意识和水平，形成维护数据安全和促进发展的良好环境。国家网络安全工作要坚持网络安全为人民、网络安全靠人民，保障个人信息安全，维护公民在网络空间的合法权益；要坚持网络安全教育、技术、产业融合发展，形成人才培养、技术创新、产业发展的良性生态；要坚持促进发展和依法管理相统一，既大力培育人工智能、物联网、下一代通信网络等新技术新应用，又积极利用法律法规和标准规范引导新技术应用；要坚持安全可控和开放创新并重，立足于开放环境维护网络安全，加强国际交流合作，提升广大人民群众在网络空间的获得感、幸福感、安全感。数据安全保护工作与每一个人、组织、公共机构息息相关，数据保护不是某个机构或者某个群体的事情，数据安全工作的开展离不开社会中各个群体的参与，因此，首先要提升全民的数据安全保护意识，要使公众重视数据保护工作；其次要发动各个群体，也就是从主管部门到行业组织、科研机构、企业及个人参与数据安全工作，也就是"数据安全为人民，数据保护靠人民"。

第十条　相关行业组织按照章程，依法制定数据安全行为规范和团体标准，加强行业自律，指导会员加强数据安全保护，提高数据安全保护水平，促进行业健康发展。

【释义】

本条的规范对象是行业组织，规定了行业组织的数据安全保护义务。作为一种有效的市场治理手段，行业自律在约束市场主体不良行为、维护市场正常运营秩序上有着自身独有的调控空间，被视为一种补充政府监管的治理路径。通过自律规范整顿并构建合理的内部秩序，能够更好地实现市场有序化。相较于法律规定，自律规范更能建立"内生机制"，有效降低国家的管制水平，对数据安全保护来说，更加具备专业性、针对性和可操作性。具体来说，行业自律具有以下优势。

（一）具备更强的制度弹性

自律规范具有制度弹性，可以根据大数据时代的新特点及时进行安排；不同的行业对信息的收集和处理方式也不一样，自律规范更具有针对性和科学性；在科技发展日新月异的背景之下，自律规范能够及时跟进市场创新的进度，在法规制定和科技发展之间起到一定的缓冲作用；自律规范具有更加灵活的结构，更能够适应新技术带来的变化，规则设定能够根据实际需要及时调整。

（二）更低的成本

相对于国家法律来说，自律规范的制定和执行成本更低。随着技术的快速发展，国家法律并不能及时地进行相应的完善和调整，可能会进一步削弱数据价值，增加企业的经营成本，抑制数字创新。行业经营者为了满足发展需要共同制定规范，在制定初期进行深入调研，基于共同利益，更容易接受自己行业建立的规范。行业经营者对于自律规范的认可度和接受度，使这种规范更容易被执行。

（三）培育行业成员的意识

行业协会在培育成员企业的诚信意识方面具有天然优势，成员企业之间需要长期合作，而行业协会作为一种法律之外的沟通协调机制，可采用集体惩戒的方式设立行业内诚信系统，并允许其他企业和消费者查询，以降低短期利益的行为，增加成员企业之间的信任，积累具有正外部性的社会资本，进而促进信誉机制的形成。

行业自律是数据安全保护的重要方面，具有法律不具备的优势，尤其是在大数据时代，其具备的优势将会更加突出。因此，健全数据监管体系必然包含了自律规范，此条规定正是体现了这样的考量。

第十一条 国家积极开展数据安全治理、数据开发利用等领域的国际交流与合作，参与数据安全相关国际规则和标准的制定，促进数据跨境安全、自由流动。

【释义】

本条规范的是国家开展数据领域国际交流与合作，参与数据安全相关规则和标准的制定，促进数据跨境流动。在全球经济联系日益紧密的今天，越来越多的国家和地区需要进行数据交换，个人数据跨境传输愈加频繁。中国作为世界第二大经济体，有着庞大的跨境数据流动需求，并且发展潜力巨大。

目前，全球规制数据跨境流动的统一规则尚未形成，近年来我国已开始关注数据跨境传输问题，但至今仍没有独立的关于数据跨境流动的法律，相关内容散见于各类法规和部门规章之中，较为零散。其中，《中华人民共和国网络安全法》第三十七条规定，关键信息基础设施的运营者在中华人民共和国境内运营中收集和产生的个人信息和重要数据应当在境内存储。因业务需要，确需向境外提供的，应当按照国家网信部门会同国务院有关部门制定的办法进行安全评估；法律、行政法规另有规定的，依照其规定。针对该条的规定，有学者认为这样的规定有利于保障我国的国家安全、公共安全和个人的隐私安全；也有专家认为这样的规定会对贸易产生负面影响。在数据跨境作为经济推动力的环境下，规制过紧可能使某一市场被孤立或者受到局限，本国相关企业难以参与国际化的竞争，消费者也无法享受全球规模市场带来的益处，给经济发展带来负面影响。因此，我国应对数据跨境活动所带来的挑战的措施之一，就是大力开展国际合作，积极参与国际规则制定：在互联、协作、开放和共享成为主题的时代，国际层面就跨境数据流动规则制定展开合作是大势所趋。目前，尽管诸如欧盟等组织、地区或国家对跨境数据流动实施了积极监管，但在全球范围内尚未形成统一的国际规则或条约规范。在这个统一规则尚未形成的窗口期，我国需要对跨境数据流动的全球规则做前瞻性思考，提早部署研究，争取做国际规则的构建者，而不应成为规则的被动接受者[1]。

第十二条 任何个人、组织都有权对违反本法规定的行为向有关主管部门投诉、举报。收到投诉、举报的部门应当及时依法处理。

有关主管部门应当对投诉、举报人的相关信息予以保密，保护投诉、举报人的合法权益。

【释义】

本条明确了数据安全相关的投诉、举报机制。

投诉是指投诉人认为被投诉人的行为违反了法律规定并导致其合法权益遭受损害而请求有关主管部门依法予以处理的行为。立法者设置投诉机制的意义在于为受害者提供一个获得行政救济的途径，以使其投诉事项得以快速处理，保证其合法权益。

举报是指个人或组织发现他人从事违法行为而向有关主管机关提供相关线索的行为。举报与投诉有所不同，举报人所举报的违法事项有可能与自身的权益有关，也有可能与自身的权益无关。举报的目的不在于维护举报人自身的合法权益，而在于请求有关主管机构依据其提供的线索进行调查并追究违法者的法律责任，维护法律秩序。

在数据安全领域，个人、组织认为数据处理者的数据处理行为违反了《数据安全法》而侵害了其合法权益时，可以请求有关主管部门予以处理。主管部门可以对个人、组织与数据处理者之间的争议进行调查和处理。依

据《数据安全法》的要求，相关主管部门应当建立投诉、举报机制，明确受理投诉、举报的条件，以及处理投诉、举报的程序和时限。收到投诉、举报的部门应当依照有关规定及时调查投诉、举报的事项，并在规定的时限内处理完毕。为鼓励相关当事人积极地投诉、举报数据安全领域的违法行为，《数据安全法》明确要求有关主管部门应当对投诉、举报人的相关信息予以保密，保护投诉、举报人的合法权益不受侵犯。

第二章 数据安全与发展

第十三条 国家统筹发展和安全，坚持以数据开发利用和产业发展促进数据安全，以数据安全保障数据开发利用和产业发展。

【释义】

本条规定了统筹发展和安全的基本原则。

发展和安全是《数据安全法》的基本原则。从价值定位上来看，《数据安全法》解决了我国数据安全领域长期没有一个独立且融贯的法律体系的问题。《数据安全法》并非一味强调安全，而是秉持安全与发展并重的指导思想，坚持保障数据安全与促进数据开发利用并重的原则。此条还明确了发展和安全之间的关系，既要用发展来促进安全，即以数据的开发利用来推动数据安全工作的开展，也要用安全来保障发展，即以数据安全为数据产业保驾护航，发展和安全是不可或缺，且互相促进的。

第十四条 国家实施大数据战略，推进数据基础设施建设，鼓励和支持数据在各行业、各领域的创新应用。

省级以上人民政府应当将数字经济发展纳入本级国民经济和社会发展

规划，并根据需要制定数字经济发展规划。

【释义】

本条规定了国家实施大数据战略。

国务院于 2015 年 9 月 5 日发布的《促进大数据发展行动纲要》指出，统筹规划大数据基础设施建设是大数据发展的主要任务之一。具体来说，要结合国家政务信息化工程建设规划，统筹政务数据资源和社会数据资源，布局国家大数据平台、数据中心等基础设施。加快完善国家人口基础信息库、法人单位信息资源库、自然资源和空间地理基础信息库等基础信息资源和健康、就业、社保、能源、信用、统计、质量、国土、农业、城乡建设、企业登记监管等重要领域信息资源，加强与社会大数据的汇聚整合和关联分析，推动国民经济动员大数据应用。加强军民信息资源共享。充分利用现有企业、政府等数据资源和平台设施，注重对现有数据中心及服务器资源的改造和利用，建设绿色环保、低成本、高效率、基于云计算的大数据基础设施和区域性、行业性数据汇聚平台，避免盲目建设和重复投资。加强对互联网重要数据资源的备份及保护。

其他国家的大数据发展战略如下。

2011 年，美国白宫科技政策办公室建立了大数据高级监督组以协调和扩大政府对该重要领域的投资，并牵头编制了《大数据研究与发展计划》，2012 年 3 月，美国正式对外发布该计划，标志着美国率先将大数据上升为国家战略。

2012 年 10 月，澳大利亚政府发布《澳大利亚公共服务信息与通信技术战略 2012—2015》，强调应增强政府机构的数据分析能力从而促进更好的服务传递和更科学的政策制定，并将制定一份大数据战略确定为战略执行计划之一。2013 年 2 月，澳大利亚政府信息管理办公室（AGIMO）成立了跨部门工作组——"大数据工作组"，启动了《公共服务大数据战略》制定工作，并于 2013 年 8 月正式对外发布此战略。

2013 年 10 月，英国发布《把握数据带来的机遇：英国数据能力战略》。该战略由英国商业、创新与技能部牵头编制，旨在促进信息经济条件下，英国在数据挖掘和价值萃取中的世界领先地位，为英国公民、企业、学术机构和公共部门创造更多收益。为了实现上述目标，该战略从强化数据分析技术、加强国家基础设施建设、推动研究与产研合作、确保数据被安全存取和共享等方面做出了部署，并做出 11 项明确的行动承诺，确保该战略目标真正得以落地。

2013 年 2 月，法国政府发布了《数字化路线图》，宣布将投入 1.5 亿欧元大力支持 5 项战略性高新技术，而"大数据"就是其中一项。2013 年 7 月，法国中小企业、创新和数字经济部发布了《法国政府大数据五项支持计划》，包括引进数据科学家教育项目；设立一个技术中心给予新兴企业各类数据库和网络文档的存取权；为大数据设立一个全新的原始资本以促进创新；在交通、医疗卫生等纵向行业领域设立大数据旗舰项目；为大数据应用建立良好的生态环境，例如法国建立了与欧盟其他成员国用于交流的各类社会网络等。

第十五条 国家支持开发利用数据提升公共服务的智能化水平。提供智能化公共服务，应当充分考虑老年人、残疾人的需求，避免给老年人、残疾人的日常生活造成障碍。

【释义】

本条明确了数字公共服务应当关注弱势群体的需求。

国务院办公厅于 2020 年 11 月 24 日印发的《关于切实解决老年人运用智能技术困难的实施方案》指出，随着我国互联网、大数据、人工智能等信息技术快速发展，智能化服务得到广泛应用，深刻改变了生产生活方式，提高了社会治理和服务效能。但同时，我国老龄人口数量快速增长，不少老年人不会上网、不会使用智能手机，在出行、就医、消费等日常生活中遇到不便，无法充分享受智能化服务带来的便利，老年人面临的"数字鸿沟"问题日益凸显。解决这一问题的保障措施之一就是要开展普及宣传，将促进老年人融入智慧社会作为人口老龄化国情教育的重点，加强正面宣传和舆论监督，弘扬尊重和关爱老年人的社会风尚。开展智慧助老行动，将解决老年人运用智能技术困难的相关工作，纳入老年友好城市、老年友好社区、老年宜居环境等建设中统筹推进。对各地区有益做法和典型案例及时进行宣传报道，组织开展经验交流。

2020 年 9 月 11 日，由工业和信息化部和中国残疾人联合会联合发布的《工业和信息化部　中国残联关于推进信息无障碍的指导意见》也针对"数字鸿沟"问题提出了解决方案。其中"信息无障碍"是指通过信息化手段弥补身体机能、所处环境等存在的差异，使任何人（无论是健全人还是残疾人，无论是年轻人还是老年人）都能平等、方便、安全地获取、交互、使用信息。在具体措施方面，要推进互联网网站无障碍建设。加快提升各级政府门户网站、政务服务平台及网上办事大厅的信息无障碍服务能力，鼓励公共企事业单位加入城市信息无障碍公共服务体系。引导新闻媒体、金融服务、电子商务等网站建设符合信息无障碍的通用标准要求，鼓励从事公共服务的其他网站支持信息无障碍功能。支持网站接入服务商搭建互联网信息无障碍共性技术服务平台，为接入网站提供无障碍技术支持。推动移动互联网应用无障碍优化与研发。丰富满足重点受益群体需求的移动互联网应用的种类和功能，加快无障碍地图产品开发和人工智能技术的融合应用，推进新闻资讯、社交通信、生活购物、金融服务、旅游出行、工作教育、市政服务、医疗健康等领域移动互联网应用的无障碍改造。引导企业利用最新标准和技术对移动互联网应用进行无障碍优化，将无障碍优化纳入产品的日常维护流程。

在数字产品迅速迭代的情形下，全社会需要关注陷在"数字围城"中的特殊群体，坚持"兜住底，能兼容"的总体思路，用更有温度的技术、更人性化的服务来缓解老年人的窘迫和不安。"兜住底"即强化信息基础设施建设，并对特定地区和人群进行政策倾斜，督促电信运营商提供更具包容性的套餐等。可结合智慧社区建设等，开设"电脑服务亭""微家园"等，为老年人构建线下对接平台。从区域发展的角度来看，有必要加强战略引导，推动贫困地区的宽带基础设施建设。"能兼容"即注重软硬件结合，实现传统服务方式与智能化服务创新并行：一方面，数字化、信息化、智能化是发展方向，要提供更多智能化的适老化产品和服务；另一方面，要针对老年人的特殊性，保留老年人熟悉的传统服务方式等。《数据安全法》正是在法律层面明确了智能化公共服务要关注老年人、残疾人等群体的需求，数据治理不仅要有力度，更要有温度。

第十六条　国家支持数据开发利用和数据安全技术研究，鼓励数据开发利用和数据安全等领域的技术推广和商业创新，培育、发展数据开发利用和数据安全产品、产业体系。

【释义】

本条主要规定了国家鼓励数据技术研究和产品、产业体系培育。

数字化发展是一项复杂的系统工程，党的十九届五中全会通过的《中共中央关于制定国民经济和社会发展第十四个五年规划和二〇三五年远景目标的建议》（以下简称《建议》），明确提出要"加快数字化发展"，并对此做出了系统部署。按照《建议》要求，推进数字化发展，要遵循数字化发展的规律和特点，加强数字化发展的统筹协调，加大基础设施、技术创新、开放合作等方面的支撑力度。

要强化顶层设计。研究制定国家数字化发展的战略规划，加强对数字化发展的战略指导、制度设计、政策支撑。加快建立完善适应数字化发展的法律体系，健全完善市场准入、市场秩序、平台管理、消费关系、技术创新、知识产权、安全保障等法律法规。完善数字经济的市场监管体系，明确区块链、人工智能等新兴领域和数字版权、数字货币等方面的规则，引导微商电商、网络直播等规范健康发展，营造良好的市场环境。

要完善数字基础设施建设。科学布局支撑数字化发展的基础网络体系，加快构建高速、移动、安全、泛在的新一代信息基础设施，形成万物互联、人机交互、天地一体的网络空间。统筹推进数据中心、工业互联网等新型基础设施建设，提升5G、人工智能等应用场景的支撑能力。加快传统基础设施数字化升级，支持城市公用设施、建筑、电网、地下管网等物联网应用和智能化改造。

要实现核心技术的突破。核心技术是"国之重器"，是实现数字化发展的基石。要提高数字技术的基础研发能力，集中力量突破通信网络、集成电路、核心电子元器件、人工智能、基础软件等领域前沿技术和关键核心技术。加快自主创新技术应用，大力发展信创产业，实施更积极的自主安全产品采购政策，打造自主创新、安全可靠的数字产业链、价值链和生态系统。促进"产、学、研"深度融合，培育一批数字领域的领军企业，打造多层次、多类型数字化人才队伍。

第十七条 国家推进数据开发利用技术和数据安全标准体系建设。国务院标准化行政主管部门和国务院有关部门根据各自的职责，组织制定并适时修订有关数据开发利用技术、产品和数据安全相关标准。国家支持企业、社会团体和教育、科研机构等参与标准制定。

【释义】

本条明确了数据安全标准体系建设的要求。

从制定主体来看，与网络安全标准体系制定主体相类似，国务院标准化行政主管部门和国务院有关部门是数据开发利用技术、产品和数据安全相关标准的制定主体。从参与主体来看，互联网企业、研究机构、高等院校、行业协会等也参与其中。

数据安全标准体系建立的意义在于：大数据治理的核心目标是将数据作为政府及企业的核心资产进行应用和管理；合理的数据治理能够建立规范的数据应用标准，消除数据的不一致性，提高组织内部的数据质量，推动数据的广泛共享，充分发挥大数据对政府及企业的业务、管理及战略决策的重要支撑作用。

建立数据安全标准体系要做到以下工作。一是建立各领域统一的数据开放标准，界定数据开放边界。数据开放是大数据应用体系、服务体系、产业创新体系的基础。开放标准将指导各行各业完善数据开放的策略和计划，制定数据开放管理的流程和制度，构建数据开放服务平台和技术体系，实现数据的清晰、便捷和高效应用。二是建立各领域数据的共享标准，指导建设面向各行各业不同组织机构、不同业务场景、不同复杂程度的数据共享系统，支持各类业务流程，打破各行业的壁垒，提高全行业的整体运营效能。同时，在数据标准和技术要求的指导下，有效地管理共享数据资源，加快数据资产的价值化进程。

相关规范涉及以下内容。国务院办公厅于 2015 年 12 月 30 日印发的《国家标准化体系建设发展规划（2016—2020 年）》中明确了建设"新一代信息技术标准化工程"：编制新一代信息技术标准体系规划，建立面向未来、服务产业、重点突出、统筹兼顾的标准体系，支撑信息产业的创新发展，推动各行业信息化水平全面提升，保障网络安全和信息安全自主可控。其中提到了围绕大数据建立相关标准。

涉及数据标准建设的部门规章有《国家健康医疗大数据标准、安全和服务管理办法（试行）》《中国银监会银行业金融机构监管数据标准化规范》《全国建筑市场监管与诚信信息系统基础数据库数据标准（试行）》《健康档案基本架构与数据标准（试行）》等。

第十八条　国家促进数据安全检测评估、认证等服务的发展，支持数据安全检测评估、认证等专业机构依法开展服务活动。

国家支持有关部门、行业组织、企业、教育和科研机构、有关专业机构等在数据安全风险评估、防范、处置等方面开展协作。

【释义】

本条明确了数据安全检测认证与协同保障。

在数据安全技术发展日新月异的背景下，立法的要求无法完全与科技发展保持同步，行业协会、标准化机构和评估认证专业机构等组织在推动技术发展、完善合规建设和实现行业自律方面的作用得到了法律的充分认可。在评估、认证方面，专业机构可以基于对行业的深度认知及在咨询过程中积累的丰富行业经验，帮助行业的新进者识别合规义务和锚定风险隐患，有针对性地提出合规改进方案和措施，帮助相关企业降低合规风险。

目前，我国在数据管理领域，已经正式出台的标准有 GB/T 36073—2018《数据管理能力成熟度评估模型》，在数据安全检测评估、认证领域的标准有 GB/T 37988—2019《信息安全技术 数据安全能力成熟度模型》和 T/ISC-0011-2021《数据安全治理能力评估方法》，这 3 个标准可以成为各行业、各企业开展数据治理、数据安全风险评估的参考标准。《数据管理能力成熟度评估模型》是我国数据管理领域的第一个国家标准。该标准注重从源头数据规范管理抓起，进一步保障数据应用全生命周期的科学、规范、安全、可行，为我国数据管理体系建设、企业数据管理能力提升提供了标准化支撑。《信息安全技术 数据安全能力成熟度模型》给出了组织数据安全能力的成熟度模型架构，规定了数据采集安全、数据传输安全、数据存储安全、数据处理安全、数据交换安全、数据销毁安全、通用安全的成熟度等级要求。《数据安全治理能力评估方法》是团体标准，可指导电信行业、互联网企业数据安全治理能力建设，帮助企业发现数据安全治理能力的不足，促进行业数据安全治理能力发展。该标准以数据全生命周期的安全治理能力建设为切入点，关注数据安全治理要点和关键环节的建设情况，梳理治理能力级别并分级制定考核指标，对电信行业、互联网企业的数据安全治理能力进行度量，为企业不断提升数据安全治理能力提供可操作的实施指南。

第十九条　国家建立健全数据交易管理制度，规范数据交易行为，培育数据交易市场。

【释义】

此条是国家首次在法律层面明确了数据交易管理制度。

数据是数字经济时代的生产要素，数据交易是满足数据供给和需要的主要方式，明确数据交易的法律地位，是满足现实需求、助力数字经济发展的重要表现，是当前数据交易制度发展的制度基础。《促进大数据发展行动纲要》提出了"引导培育大数据交易市场"的目标。2020年，党的十九届四中全会决议通过的《中共中央关于坚持和完善中国特色社会主义制度 推进国家治理体系和治理能力现代化若干重大问题的决定》首次将数据增列为生产要素，要求建立健全由市场评价贡献、按贡献决定报酬的机制。

《数据安全法》规定了数据交易中介服务机构的主要义务。第三十三条规定，从事数据交易中介服务的机构提供服务，应当要求数据提供方说明数据来源，审核交易双方的身份，并留存审核、交易记录。同时，第四十七条规定了相应的处罚措施，从事数据交易中介服务的机构未履行本法第三十三条规定的义务的，由有关主管部门责令改正，没收违法所得，处违法所得一倍以上十倍以下罚款，没有违法所得或者违法所得不足十万元的，处十万元以上一百万元以下罚款，并可以责令暂停相关业务、停业整顿、吊销相关业务许可证或者吊销营业执照；对直接负责的主管人员和其他直接责任人员处一万元以上十万元以下罚款。

《数据安全法》为数据交易管理制度提供了兼顾安全和发展的框架，有利于在保障安全的基础上，促进数据要素的有序流动，激励相关主体参与数据活动，充分释放数据红利。

第二十条　国家支持教育、科研机构和企业等开展数据开发利用技术和数据安全相关教育和培训，采取多种方式培养数据开发利用技术和数据安全专业人才，促进人才交流。

【释义】

此条体现了国家对数据相关专业人才培养的支持。

数据安全发展离不开数据相关专业人才的支撑，加强数据开发利用技术和数据安全相关教育和培训，采取多种方式培养数据安全相关专业人才，有助于数据安全工作的常态化开展。《促进大数据发展行动纲要》也提出了类似的规定，即加强专业人才培养：创新人才培养模式，建立健全多层次、多类型的大数据人才培养体系。鼓励高校设立数据科学和数据工程相关专业，重点培养专业化数据工程师等大数据专业人才。鼓励采取跨校联合培养等方式开展跨学科大数据综合型人才培养，大力培养具有统计分析、计算机技术、经济管理等多学科知识的跨界复合型人才。鼓励高等院校、职业院校和企业合作，加强职业技能人才的实践培养，积极培育大数据技术和应用创新型人才。依托社会化教育资源，开展大数据知识普及和教育培训，提高社会整体认知和应用水平。

第三章　数据安全制度

　　第二十一条　国家建立数据分类分级保护制度，根据数据在经济社会发展中的重要程度，以及一旦遭到篡改、破坏、泄露或者非法获取、非法利用，对国家安全、公共利益或者个人、组织合法权益造成的危害程度，对数据实行分类分级保护。国家数据安全工作协调机制统筹协调有关部门制定重要数据目录，加强对重要数据的保护。

　　关系国家安全、国民经济命脉、重要民生、重大公共利益等数据属于国家核心数据，实行更加严格的管理制度。

　　各地区、各部门应当按照数据分类分级保护制度，确定本地区、本部门以及相关行业、领域的重要数据具体目录，对列入目录的数据进行重点保护。

【释义】

　　本条首次明确强调了由国家建立数据分类分级保护制度，并阐明了数据分类分级保护、国家核心数据管理与重要数据保护的关系，即国家核心数据管理和重要数据保护是数据分类分级保护制度的重要内容，是数据分类分级中的子类，由于其关键性和敏感性，需要实施更加严格的管理制度和强化保护，有机融合数据分类分级标准、国家核心数据界定标准及重要数据界定标准。

　　《数据安全法》从管理形式和保护要求上确立了重要数据的强化保护制

度。在管理形式上，《数据安全法》采用目录管理的方式，明确将"确定重要数据具体目录"纳入国家层面的管理事项，国家数据安全工作协调机制统筹协调有关部门制定重要数据目录。而各地区、各部门制定本地区、本部门及相关行业、领域的重要数据具体目录，有利于形成国家与各地方、各部门管理权限之间的合理协调机制，推动建立重要数据统一认定标准。在保护要求上，《数据安全法》在一般保护之外，强化了重要数据、国家核心数据的保护要求：一是规定数据处理者开展数据处理活动应当依照法律法规的规定，建立健全全流程数据安全管理制度，组织开展数据安全教育培训，采取相应的技术措施和其他必要的措施，保障数据安全；二是规定了重要数据处理者"明确数据安全负责人和管理机构"的义务，要求重要数据处理者在内部做出明确的责任划分，落实数据安全保护责任；三是规定了重要数据处理者进行风险评估的要求，重要数据处理者应当按照规定对其数据处理活动定期开展风险评估，并向有关主管部门报送风险评估报告。

第二十二条　国家建立集中统一、高效权威的数据安全风险评估、报告、信息共享、监测预警机制。国家数据安全工作协调机制统筹协调有关部门加强数据安全风险信息的获取、分析、研判、预警工作。

【释义】

数据安全风险评估、报告、信息共享、监测预警机制，是指通过对数据安全风险信息的获取、分析、研判、预警以达到对数据安全的事前保障。《数据安全法》第二十九条规定：开展数据处理活动应当加强风险监测，发现数据安全缺陷、漏洞等风险时，应当立即采取补救措施。这与本条明确了开展数据处理活动的组织机构进行数据安全风险评估、报告、信息共享、监测预警及采取补救措施的义务。

从性质上看，数据安全风险评估、报告、信息共享、监测预警机制是国家安全制度的组成部分。《国家安全法》第四章第三节建立了风险预防、评估和预警的相关制度，规定国家制定完善应对各领域国家安全风险预案。数据安全风险评估、报告、信息共享、监测预警机制是《国家安全法》规定的风险预防、评估和预警相关制度在数据安全领域的具体落实。

第二十三条 国家建立数据安全应急处置机制。发生数据安全事件，有关主管部门应当依法启动应急预案，采取相应的应急处置措施，防止危害扩大，消除安全隐患，并及时向社会发布与公众有关的警示信息。

【释义】

本条规定了数据安全应急处置机制。

《网络安全法》第五十三条和五十五条是有关网络安全应急处置的规定。尽管《数据安全法》并未明确要求相关部门制定数据安全事件的应急预案，但依据《网络安全法》第五十三条，国家网信部门和负责关键信息基础设施安全保护工作的部门都应制定网络安全事件应急预案，并定期组织演练；《数据安全法》第二十二条的规定隐含了有关部门制定数据安全事件应急预案的要求。

制定数据安全事件应急预案的基本内容如下。明确数据安全事件应急处置的组织机构及其职责，进行数据安全事件分级、应急的相应程序、处置措施等。由于数据安全事件的性质不同，发生或造成的危害程度、影响范围等不相同，对于不同的数据安全事件需要采取的处置措施也不相同。为了保证数据安全事件应急预案和处置措施的针对性、有效性，并防止应急处置超过必要的限度，造成不必要的损失，可以对相应的数据安全事件按照危害程度、影响范围等因素进行分级，并规定"相应"的应急措施，这也是《网络安全法》对网络安全事件应急预案的要求。

从本条规定可以看出，数据安全应急处置机制的大致流程是先由相关部门制定数据安全事件应急预案，当发生数据安全事件时，按照应急预案实施相应的处置措施。《网络安全法》第五十五条要求网络运营者采取技术措施和其他必要措施，防止危害扩大，但此项规定并没有明确数据持有者或数据处理者在数据安全事件中应当担任怎样的角色。此外，发生数据安全事件之后，负责处置的相关部门经过调查评估，认为该事件可能对社会公众产生较大的影响，应当及时、准确、客观地向社会发布与公众相关的警示信息：一方面，要统一、及时和准确，避免公众误解；另一方面，要告知公众可以采取的措施，帮助公众及时消除影响，维护公众利益。

第二十四条　国家建立数据安全审查制度，对影响或者可能影响国家安全的数据处理活动进行国家安全审查。

依法作出的安全审查决定为最终决定。

【释义】

数据安全审查制度赋予了国家对影响或者可能影响国家安全的数据活动进行安全审查的职责。《数据安全法》第二十四条明确规定国家应建立数据安全审查制度，对影响或者可能影响国家安全的数据处理活动进行国家安全审查。数据安全审查的对象包括所有影响或可能影响国家安全的数据处理活动，既包括线上的数据处理活动，也包括线下的数据处理活动，涉及数据的收集、存储、使用、加工、传输、提供、公开等环节。

2020年6月1日起实施的《网络安全审查办法》确立了网络安全审查制度，第二条规定了关键信息基础设施运营者（以下简称运营者）采购网络产品和服务，影响或可能影响国家安全的，应当进行网络安全审查。2021年7月10日，国家互联网信息办公室发布关于《网络安全审查办法（修订草案征求意见稿）》公开征求意见的通知。修订并生效后的《网络安全审查办法》将"数据处理者开展数据处理活动"纳入第二条，强调数据处理活动的网络安全审查，并要求网络安全审查重点评估"数据处理活动"可能带来的国家安全风险，第十条增加了"核心数据、重要数据或大量个人信息被窃取、泄露、毁损以及非法利用或出境的风险"；第十六条规定了网络安全审查工作机制成员单位认为影响或可能影响国家安全的"数据处理活动"，由网络安全审查办公室按程序报中共中央网络安全和信息化委员会批准后，依照本办法的规定进行审查。此外，修订并生效后的《网络安全审查办法》将最新颁布的《数据安全法》列为制定该办法的法律依据和处理运营者违法行为的法律依据。

第二十五条　国家对与维护国家安全和利益、履行国际义务相关的属于管制物项的数据依法实施出口管制。

【释义】

本条目的在于建立数据出口管制制度。

《数据安全法》在《出口管制法》的基础上对与维护国家安全和利益、履行国际义务相关的属于管制物项的数据依法实施出口管制。2020 年 10 月 17 日通过的《出口管制法》明确规定"管制物项，包括物项相关的技术资料等数据。"《数据安全法》第二十五条规定明确将数据出口管制纳入数据安全管理工作中，有利于从维护国家安全的角度限制相关数据的出境，补充了整体跨境数据流动制度。

第二十六条　任何国家或者地区在与数据和数据开发利用技术等有关的投资、贸易等方面对中华人民共和国采取歧视性的禁止、限制或者其他类似措施的，中华人民共和国可以根据实际情况对该国家或者地区对等采取措施。

【释义】

此条明确规定了数据领域对等反歧视措施。

事实证明，数据安全是当前国家间实力博弈的重要战场。美国华盛顿当地时间 2021 年 6 月 9 日消息，美国白宫签署行政令，宣布撤销此前于 2020 年由美国前任总统颁出的对 T 公司、W 公司等多款母公司在中国的移动应用程序禁令。纵观该行政令全文，有媒体指出此举并不意味着美国已经放弃了对中国应用程序"以安全为由"的审查、阻拦乃至封锁。新签署的行政令要求美国商务部等相关部门对可能影响美国国家安全和敏感数据（包括身份信息、健康和基因信息等）安全构成风险的应用程序开展评估，并视情况采取必要措施。

我国《数据安全法》一方面明确维护国家安全和利益、履行国际义务可作为禁止相关数据出口的合法依据，另一方面明确了对外国在数据领域的投资、贸易歧视可以采取对等反制措施的立法主张，充分体现了我国在网络数据空间主张数据主权的立法思想。另外，除《数据安全法》的反制措施，根据我国 2021 年 6 月 10 日通过的《中华人民共和国反外国制裁法》，我国还可以对外国制裁采取阻断措施，并可以对被列入反制清单的个人、组织采取反制措施。

第四章 数据安全保护义务

第二十七条　开展数据处理活动应当依照法律、法规的规定，建立健全全流程数据安全管理制度，组织开展数据安全教育培训，采取相应的技术措施和其他必要措施，保障数据安全。利用互联网等信息网络开展数据处理活动，应当在网络安全等级保护制度的基础上，履行上述数据安全保护义务。

重要数据的处理者应当明确数据安全负责人和管理机构，落实数据安全保护责任。

【释义】

本条规定了数据安全保护义务的基本要求。

建立"全流程数据安全管理制度"，根据《数据安全法》第三条的定义，数据处理包括数据的收集、存储、使用、加工、传输、提供、公开等，数据安全管理制度应当包含这些流程。

对于数据安全教育培训，从培训时间点来看，在新员工入职培训时，要把数据保护作为培训内容之一，在入职阶段就强化数据保护，后续每年定期或不定期进行数据安全培训；从培训内容来看，数据保护的相关法律法规、内部制度、操作流程等，特别是最新出台的规定和内部制度等的重要修订，应该都被纳入培训内容；从培训对象来看，这里的员工不应限于基层员工，而应是包含高层员工在内的全体员工，领导层高度重视，基层员工严格践行，方能更好地开展数据保护工作。

对于采取相应的技术措施和其他必要措施，这里使用的是"相应"和"必要"，而非统一提出某些技术措施和其他措施要求，有助于企事业单位根据数据重要性、数据安全事件发生后的危害程度等采取相应的措施。

"在网络安全等级保护制度的基础上"，体现了《数据安全法》和其他法律之间的衔接。网络安全等级保护制度是我国现行的网络安全领域的一项重要制度。1994 年 2 月 18 日国务院发布的《中华人民共和国计算机信息系统安全保护条例》、2007 年 6 月 22 日公安部等部门制定的《信息安全等级保护管理办法》，以及 2016 年 11 月 7 日通过的《网络安全法》中都对网络安全等级保护制度做出了规定。其主要内容可以分为技术类和管理类安全要求两大类：技术类安全要求主要从物理安全、网络安全、主机安全、应用安全和数据安全提出；管理类安全要求主要从安全管理制度、安全管理机构、人员安全管理、系统建设管理和系统运维管理提出。

《数据安全法》并非对所有企事业单位均提出设立数据安全负责人和管理机构的要求，而是对重要数据的处理者提出了要求。后续可能会有配套文件对数据安全负责人的资质、职责等提出要求。此外，《网络安全法》第二十一条提出了确定网络安全负责人的要求，GB/T 35273—2020《信息安全技术个人信息安全规范》第 11.b 条提出了任命个人信息保护负责人和个人信息保护工作机构的要求，网络安全负责人、数据安全负责人和个人信息保护负责人的关系如何，是否可以由一人同时担任、是否可以兼职担任，均有待进一步明确。

第二十八条 开展数据处理活动以及研究开发数据新技术，应当有利于促进经济社会发展，增进人民福祉，符合社会公德和伦理。

【释义】

本条规定了开展数据处理活动时应当秉持正确目的及其道德伦理要求。

数据推动着大数据、云计算、区块链、物联网等新兴技术的蓬勃发展，并对人和人类社会的发展带来巨大变革。新技术发展在推动社会进步的同时，也出现了被用于违反社会公德和伦理的实验、商业行为等情况。科技伦理是伦理思想在科学研究和技术开发等科技活动中的应用，是科技活动需要遵循的价值理念和行为规范，是科技事业健康发展的重要保障。开展数据处理活动以及研究开发数据新技术必然要受到伦理规制，以规范在社会治理中的健康应用和满足智慧化的需要。

第二十九条 开展数据处理活动应当加强风险监测，发现数据安全缺陷、漏洞等风险时，应当立即采取补救措施；发生数据安全事件时，应当立即采取处置措施，按照规定及时告知用户并向有关主管部门报告。

【释义】

本条明确了数据安全风险监测和后续处置要求。

与《网络安全法》第二十二条[1]对网络安全风险监测和后续处置要求类似，本条对数据安全风险监测和后续处置提出了要求，以便企事业单位可以及时

---

1 《网络安全法》第二十二条 网络产品、服务应当符合相关国家标准的强制性要求。网络产品、服务的提供者不得设置恶意程序；发现其网络产品、服务存在安全缺陷、漏洞等风险时，应当立即采取补救措施，按照规定及时告知用户并向有关主管部门报告。
网络产品、服务的提供者应当为其产品、服务持续提供安全维护；在规定或者当事人约定的期限内，不得终止提供安全维护。
网络产品、服务具有收集用户信息功能的，其提供者应当向用户明示并取得同意；涉及用户个人信息的，还应当遵守本法和有关法律、行政法规关于个人信息保护的规定。

发现数据安全风险并及时采取补救措施。如果发生数据安全事件，还应及时通过公告、站内信等方式告知用户，并向有关主管部门报告。

数据活动的安全缺陷和漏洞有时因为技术原因难以完全避免，但数据处理者在发现安全风险之后负有及时应对的义务。《中华人民共和国消费者权益保护法》（以下简称《消费者权益保护法》）第十九条规定，经营者发现其提供的商品或者服务存在缺陷，有危及人身、财产安全危险的，应当立即向有关部门报告和告知消费者，并采取相应的处置措施。《数据安全法》第二十九条在一定程度上衔接了《网络安全法》和《消费者权益保护法》的规定。在实践中，有些数据安全风险的危害较大，需要及时告知用户采取防范措施，避免或减少损失；有的危害不大，频繁告知用户反而可能会给用户造成一定的恐慌。因此，本条对告知的具体情形、程序、时限等也尚未做出具体的规定，需要相关的配套措施进一步明确。

第三十条 重要数据的处理者应当按照规定对其数据处理活动定期开展风险评估，并向有关主管部门报送风险评估报告。

风险评估报告应当包括处理的重要数据的种类、数量，开展数据处理活动的情况，面临的数据安全风险及其应对措施等。

【释义】

本条是对重要数据处理者的风险评估要求。

与《网络安全法》第三十八条[1]关于关键信息基础设施运营者开展网络

---

[1] 《网络安全法》第三十八条 关键信息基础设施的运营者应当自行或者委托网络安全服务机构对其网络的安全性和可能存在的风险每年至少进行一次检测评估，并将检测评估情况和改进措施报送相关负责关键信息基础设施安全保护工作的部门。

安全检测评估的规定类似，但存在以下不同：①《网络安全法》要求关键信息基础设施的运营者每年至少进行一次检测评估，但《数据安全法》对重要数据处理者提出的要求是"定期"，可能需要相应的配套措施明确时间要求，或者由数据处理者自行决定；②《网络安全法》明确了关键信息基础设施的运营者可以委托网络安全服务机构开展风险评估工作，《数据安全法》则并未明确评估主体，但可以理解为重要数据处理者可以自行评估，也可以委托数据安全检测评估专业机构进行评估；③《数据安全法》相对于《网络安全法》对风险评估的具体内容做出了规定，包括所处理重要数据的种类和数量、开展数据处理活动[1]的情况。

面临数据安全风险及其应对重要数据的安全包括应当遵循持续改进的原则（定期开展风险评估和报送风险评估报告体现了这一点），应当贯穿数据处理活动的整个周期，需要根据安全需求、风险威胁程度等因素深化对数据安全保护的认识，及时检查、总结、调整现有的安全策略和保护措施，持续改进数据安全保护体系的有效性。因此，本条对重要数据处理者提出了定期开展风险评估的要求，根据风险评估情况持续改进数据安全保护措施，不断提升数据处理者的安全保护能力。同时，重要数据处理者应当将风险评估情况和改进措施报送有关主管部门，接受其指导和监督。

第三十一条　关键信息基础设施的运营者在中华人民共和国境内运营中收集和产生的重要数据的出境安全管理，适用《中华人民共和国网络安全法》的规定；其他数据处理者在中华人民共和国境内运营中收集和产生的

1　根据《数据安全法》第三条的定义，数据处理包括数据的收集、存储、使用、加工、传输、提供、公开等。

重要数据的出境安全管理办法，由国家网信部门会同国务院有关部门制定。

【释义】

本条规定了重要数据的出境安全管理。

《数据安全法》在《网络安全法》的基础上针对重要数据的跨境流动管理进行了补充和完善。在现行立法中，只有《网络安全法》针对关键信息基础设施运营者在我国境内收集和产生的重要数据明确了原则上境内存储加出境安全评估的要求，但对其他重要数据的跨境流动没有规定限制要求。《个人信息和重要数据出境安全评估办法（征求意见稿）》试图对这一规定进行突破时也遇到了没有法律依据的难题。《数据安全法》在《网络安全法》第三十七条的基础之上，规定"其他数据处理者在中华人民共和国境内运营中收集和产生的重要数据的出境安全管理办法，由国家网信部门会同国务院有关部门制定"。既与《网络安全法》相衔接，也实现了对所有重要数据出境的安全保障。考虑到即使不是关键信息基础设施运营者的重要数据，既然被归类为"重要数据"，那么根据数据分类分级的标准，这些数据对我国的经济社会发展也具有重要意义，一旦遭到篡改、破坏、泄露或者非法获取、非法利用，也可能对国家安全、公共利益或者公民、组织的合法权益造成严重的危害，出境后可能对我国数据安全产生较大风险，将这些数据纳入跨境数据流动管理范围之内是非常必要的。

第三十二条 任何组织、个人收集数据，应当采取合法、正当的方式，不得窃取或者以其他非法方式获取数据。

法律、行政法规对收集、使用数据的目的、范围有规定的，应当在法律、行政法规规定的目的和范围内收集、使用数据。

【释义】

本条规定了数据处理活动应当遵循合法、正当、必要的原则。

数据在处理目的、处理方式等方面需要遵循一定的原则和规则。在我国现行法律中，《民法典》第一千零三十五条、《网络安全法》第四十一条、《个人信息保护法》第五条、《消费者权益保护法》第二条等都规定了处理个人信息应当遵循"合法、正当、必要"的原则，该原则同样适用于数据处理活动。

本条第一款规定了数据收集应当遵守合法、正当的原则：合法原则是指司法实践中需要判断具体处理行为是否符合法律法规的具体规定；正当原则中的"正当"是一个伦理道德或者价值判断意义上的词汇，通常而言，合法的即是正当的，对于一些行为与目的，法律没有给出明确的合法与否的评价，这时可以根据一般的伦理道德对其进行正当与否的评价。

本条第二款体现了数据收集使用应当遵循必要原则，"应当在法律、行政法规规定的目的和范围内收集、使用数据"表述了法律和行政法规规定的"必要限度"，其本意在于说明数据处理活动应采用侵害最小的方式处理数据，应限于实现处理目的的最小范围，不得进行与处理目的无关的数据处理。

第三十三条　从事数据交易中介服务的机构提供服务，应当要求数据提供方说明数据来源，审核交易双方的身份，并留存审核、交易记录。

【释义】

本条规定了数据交易中介服务的义务。

规范、活跃的数据交易离不开交易平台、数据中间商等交易中介服务机构的参与和支持。本条既有数据交易实践，对数据交易中介服务机构在数据交易过程中应负的义务做出规定，又为数据交易中介服务机构依法参与数据交易提供了较为明确的指引。依据本条的规定，数据交易中介服务机构的义务主要包括：第一，要求数据提供方说明数据来源的义务；第二，审核交易双方身份的义务；第三，留存审核、交易记录的义务。

第三十四条　法律、行政法规规定提供数据处理相关服务应当取得行政许可的，服务提供者应当依法取得许可。

【释义】

本条规定了数据处理相关服务提供者依法取得行政许可的义务。

本条对数据行业的准入监管仅做原则性规定，将行业准入监管与其他法律法规规定的涉及不同行业市场准入的行政许可要求相衔接，也为未来随时制定或放宽市场准入的方式和条件预留了空间。总之，《数据安全法》注重与现行法律法规的衔接，为后续数据交易的准入预留了空间，后续可能会在多行业、多领域对市场准入等环节加强监管，进一步完善数据处理服务提供者依法取得行政许可的法定义务。

第三十五条　公安机关、国家安全机关因依法维护国家安全或者侦查犯罪的需要调取数据，应当按照国家有关规定，经过严格的批准手续，依法进行，有关组织、个人应当予以配合。

【释义】

本条规定的是特定国家机关基于维护国家安全或者侦查犯罪的需要依法调取数据的行为。

以《数据安全法》基本立法目的为出发点，可以从以下两个层面理解本条的定位与功能。第一，强调数据调取中的数据安全保障义务。公安机关、国家安全机关在向有关组织和个人调取数据时，不可避免地发生数据的传输和处理。由于维护国家安全或者侦查犯罪活动往往涉及个人信息或其他重要数据，保障其数据安全尤为重要。第二，强调国家安全和侦查犯罪措施与数字经济发展相兼容。当前调取措施主要针对的网络信息业者也是数字经济发展的主力军。调取措施既要考虑网络信息业者的协调能力，也应考虑协助执法义务与网络信息业者所承担的其他法律义务的兼容关系。

第三十六条　中华人民共和国主管机关根据有关法律和中华人民共和国缔结或者参加的国际条约、协定，或者按照平等互惠原则，处理外国司法或者执法机构关于提供数据的请求。非经中华人民共和国主管机关批准，境内的组织、个人不得向外国司法或者执法机构提供存储于中华人民共和国境内的数据。

【释义】

本条规定了外国司法或执法机构关于提供数据请求的处理规则：前半

部分规定根据有关法律和中华人民共和国缔结或者参加的国际条约、协定，或者按照平等互惠原则，中华人民共和国主管机关可以处理外国司法或者执法机构关于提供数据的请求；后半部分从反面规定在未经主管机关批准的情况下，任何境内的组织、个人不得向外国司法或者执法机构提供存储于中华人民共和国境内的数据。

《数据安全法》针对境外机构调取境内数据规定的反制措施是适应当前形势发展的需要。这一制度的设置体现了对于境内主体向境外司法、执法机构合法合规提供数据的重视，同时也与国际环境的发展息息相关。当前，数据主权博弈之争愈演愈烈。2018年3月，美国通过《澄清域外合法使用数据法》（也称《云法案》），使执法部门可依据搜查令直接调取境外数据。欧盟于2019年7月发布了《美国云法案对于欧盟个人信息保护法律框架以及欧盟-美国关于跨境电子取证协议谈判影响的初步法律评估》，明确指出"根据欧盟《通用数据保护条例》的规定，《云法案》并不能成为向美国传输个人数据的合法性基础"。与此同时，世界各国政府跨法域调取数据的情况也越来越常见，根据苹果公司2020年的透明度报告，仅2020年上半年，苹果公司就收到来自超过50个国家及地区执法机构的共计28276个数据调取请求。越来越多的中国科技公司走向世界，在主要的经济区都拥有重要的市场份额，进一步完善对于境外司法或者执法机构调取数据的规制，防范我国数据被境外司法或执法机构不当获取的风险尤为重要。

第五章 政务数据安全与开放

第三十七条 国家大力推进电子政务建设，提高政务数据的科学性、准确性、时效性，提升运用数据服务经济社会发展的能力。

【释义】

本条规定了政务数据运用的目标和要求。

政务数据已成为促进政府科学决策、提高公共管理效能的重要资源，大量公共服务数据采集、分析工具也进一步提升了政务数据的体量和质量。为保障政务数据安全，并推动政务数据开放利用，《数据安全法》规定国家应大力推进电子政务建设，提高政务数据的科学性、准确性、时效性，提升运用数据服务经济社会发展的能力。

第三十八条 国家机关为履行法定职责的需要收集、使用数据，应当在其履行法定职责的范围内依照法律、行政法规规定的条件和程序进行；对在履行职责中知悉的个人隐私、个人信息、商业秘密、保密商务信息等数据应当依法予以保密，不得泄露或者非法向他人提供。

【释义】

本条的规范对象是国家机关为履行法定职责的需要收集、使用数据的行为。这是我国首次在法律层面对政务数据的收集和使用行为进行规定。对于本条的具体内容，应重点把握以下4个方面。第一，本条的适用对象是国家机关。"国家机关"包括行政机关、司法机关、监察机关、立法机关等，这些机关收集和使用数据的行为均受到本条规制。第二，本条规范的是国家机关的数据收集和数据使用行为。第三，国家机关为履行法定职责的需要收集、使用数据的程序和实体要求。国家机关必须在其履行法定职责的范围内依照法律、行政法规规定的条件和程序进行。第四，国家机关为履行法定职责的需要收集、使用数据过程中的保密要求。国家机关对在履行职责中知悉的个人隐私、个人信息、商业秘密、保密商务信息等数据应当依法予以保密，不得泄露或者非法向他人提供。

第三十九条 国家机关应当依照法律、行政法规的规定，建立健全数据安全管理制度，落实数据安全保护责任，保障政务数据安全。

【释义】

本条规定了国家机关应当建立健全数据安全管理制度。

在大数据时代背景下，政务数据安全已成为事关国家安全与经济社会发展的重大问题。对于本条的具体内容，应当重点理解以下3个方面。第一，本条的适用对象是国家机关。第二，建立健全数据安全管理制度，应当主要聚焦政务数据安全管理。政务数据的安全风险一直广泛存在，而我国现行的立法实践和监管实践仍较为匮乏，建立健全数据安全管理制度，则应当以风险导向意识为重，针对政务数据收集、处理、利用、共享的场景及可能引发的风险施以有力措施和明确责任。第三，落实数据安全保护责任，意味着保障政务数据安全的责任主体是国家机关，本条进一步落实了权责一致的行政理念。

第四十条 国家机关委托他人建设、维护电子政务系统，存储、加工政务数据，应当经过严格的批准程序，并应当监督受托方履行相应的数据安全保护义务。受托方应当依照法律、法规的规定和合同约定履行数据安全保护义务，不得擅自留存、使用、泄露或者向他人提供政务数据。

【释义】

本条对国家机关委托他人处理数据的行为进行规制。

政务数据开放平台是连接政府与数据利用者的媒介。在实践中，国家机关基于成本和效率考虑，多委托他人建设、维护电子政务系统，存储、加工政务数据。这既可以体现公私合作的理念，也使政务数据安全风险进入立法视域。本条前段要求国家机关委托他人进行数据处理的，应当经过严格的批准程序，并监督受托方履行相应的数据安全保护义务；后段目的在于强化受托方的数据安全义务，受托方应当依照法律、法规的规定和合同约定履行数据安全保护义务，不得擅自留存、使用、泄露或者向他人提供政务数据。

第四十一条 国家机关应当遵循公正、公平、便民的原则，按照规定及时、准确地公开政务数据。依法不予公开的除外。

【释义】

本条规定了政务数据公开的基本原则与要求。

首先，本条明确了政务数据公开的基本原则，即"公正、公平、便民"。公正原则是指行政机关与处理的案件有利害关系，应当回避；公平原则是指行政机关做出任何不利于行政相对人的行政行为之前，必须充分听取其意见，听取意见的方式应当根据行政行为对当事人的影响程度而定；便民原则是指行政机关通过各种措施为包括申请人在内的公众创造最大化获取政府信息的机会。其次，国家机关应当按照规定及时、准确地公开政务数据。公开政务数据的及时性要求国家机关必须在合理的时限内尽可能迅速地开放应当公开的数据，不得有迟延，应当保证公开政务数据的准确性。最后，依法不予公开的除外。

第四十二条　国家制定政务数据开放目录，构建统一规范、互联互通、安全可控的政务数据开放平台，推动政务数据开放利用。

【释义】

本条规定了政务数据开放目录与政务数据开放平台。

对于政务数据开放目录与政务数据开放平台，《数据安全法》之前的许多文件中均有提及。《中华人民共和国国民经济和社会发展第十四个五年规划和2035年远景目标纲要》中要求"建立健全国家公共数据资源体系，确保公共数据安全，推进数据跨部门、跨层级、跨地区汇聚融合和深度利用。健全数据资源目录和责任清单制度，提升国家数据共享交换平台功能，深化国家人口、法人、空间地理等基础信息资源共享利用。扩大基础公共信息数据安全有序开放，探索将公共数据服务纳入公共服务体系，构建统一的国家公共数据开放平台和开发利用端口，优先推动企业登记监管、卫生、交通、气象等高价值数据集向社会开放"。

国家制定政务数据开放目录，构建统一规范、互联互通、安全可控的政务数据开放平台。《数据安全法》对政务数据开放平台的建设提出了 3 个要求：一是统一规范，对现有开放政务数据资源加以整合，建立跨系统、跨部门的统一开放数据平台；二是互联互通，行政机关的开放数据、数据库信息应当与政务数据开放平台相连接，防止出现各自为战、重复分散的问题，为公众提供"一站式"的政务数据获取及相关服务；三是安全可控，《数据安全法》坚持安全与发展并重，一旦发生数据安全事件，将无法真正消除损害、恢复原状，因此数据安全应以风险防范为核心。

第四十三条　法律、法规授权的具有管理公共事务职能的组织为履行法定职责开展数据处理活动，适用本章规定。

【释义】

本条规定了法律、法规授权的组织在数据处理活动中的法律地位。

法律、法规授权的具有管理公共事务职能的组织为履行法定职责开展数据处理活动，需要符合以下 3 个条件：一是有法律、法规的授权；二是具有管理公共事务的职能；三是为履行法定职责开展数据处理活动。法律、法规授权具有管理公共事务职能的组织实施行政行为时，一般都有明确的授权范围，被授权的组织只有在授权范围内实施行政行为，其法律地位才能等同于行政机关。

第六章　法律责任

第四十四条　有关主管部门在履行数据安全监管职责中，发现数据处理活动存在较大安全风险的，可以按照规定的权限和程序对有关组织、个人进行约谈，并要求有关组织、个人采取措施进行整改，消除隐患。

【释义】

本条规定有关主管部门对存在较大安全风险的数据处理活动进行前置处理，理顺主管部门在处理数据安全风险时的制度措施，强化主管部门的数据安全监管职能，更有利于数据安全监管的落实。

国家网信部门等主管部门在履行监管职责的过程中，往往需要回应如何平衡数据安全与数据发展、柔性治理方法与刚性治理手段的现实问题，面对存在一定数据安全风险但还没有构成违法或造成危害后果的数据处理活动，如果一味采取行政处罚等较为刚性和体现制裁的手段，对于数字经济发展和数据产业的进步会产生一定的负面影响。如果能在事前进行一定的引导和规范，通过柔性监管的手段促进相关组织、个人及时完善保障数据安全的各项技术手段或措施，化解安全隐患，将更有利于彰显数据安全和数据发展并重的价值立场。本条是一次新的立法尝试，通过成文的方式确立了数据安全监管的约谈制度，将其作为主要的规制工具，既避免了苛责处理数据的组织和个人承担过重的法律责任，又能促进数据安全，有效形成一个全面的数据安全风险防范机制，保障了数字产业蓬勃健康发展。

第四十五条 开展数据处理活动的组织、个人不履行本法第二十七条、第二十九条、第三十条规定的数据安全保护义务的，由有关主管部门责令改正，给予警告，可以并处五万元以上五十万元以下罚款，对直接负责的主管人员和其他直接责任人员可以处一万元以上十万元以下罚款；拒不改正或者造成大量数据泄露等严重后果的，处五十万元以上二百万元以下罚款，并可以责令暂停相关业务、停业整顿、吊销相关业务许可证或者吊销营业执照，对直接负责的主管人员和其他直接责任人员处五万元以上二十万元以下罚款。

违反国家核心数据管理制度，危害国家主权、安全和发展利益的，由有关主管部门处二百万元以上一千万元以下罚款，并根据情况责令暂停相关业务、停业整顿、吊销相关业务许可证或者吊销营业执照；构成犯罪的，依法追究刑事责任。

【释义】

本条规定的是开展数据处理活动的组织、个人不履行法定数据安全保护义务的法律责任，其中第二款特别针对违反国家核心数据管理制度，危害国家主权、安全和发展利益的数据处理活动而设定的法律责任。

开展数据处理活动的组织、个人既是数据处理的主体，又是数据安全保护义务的主体，本法第二十七条、第二十九条、第三十条规定的数据安全保护义务包括建立健全全流程数据安全管理制度，组织开展数据安全教育培训，采取相应的技术措施和其他必要措施，重要数据的处理者应当明确数据安全负责人和管理机构，落实数据安全保护责任；加强风险监测，发现数据安全缺陷、漏洞等风险时，应当立即采取补救措施；发生数据安全事件时，应当立即采取处置措施，按照规定及时告知用户并向有关主管部门报告；重要数据的处理者应当按照规定对其数据处理活动定期开展风险评估，并向有关主管部门报送风险评估报告。对于违反数据安全保护义务的行为，本条规定的具体处罚措施包括责令改正、给予警告、罚款、责令暂停相关业务、停业整顿、吊销相关业务许可证或者吊销营业执照，并在第二款中与刑法规定相衔接。

第四十六条 违反本法第三十一条规定，向境外提供重要数据的，由有关主管部门责令改正，给予警告，可以并处十万元以上一百万元以下罚款，对直接负责的主管人员和其他直接责任人员可以处一万元以上十万元以下罚款；情节严重的，处一百万元以上一千万元以下罚款，并可以责令暂停相关业务、停业整顿、吊销相关业务许可证或者吊销营业执照，对直接负责的主管人员和其他直接责任人员处十万元以上一百万元以下罚款。

【释义】

本条规定的是违反重要数据的出境安全管理规定，向境外提供重要数据的法律责任。理解本条内容时，应当注意以下 3 点。第一，本条规定的违法行为模式是违法向境外提供重要数据。第二，在对"向境外提供重要数据"即数据出境的判定上，虽然学术界和实务界对数据跨境的定义还未达成共识，但这些定义中都涉及 3 个层面的问题：主体是可被机器识别的数据；范围需突破地理上的边界；对数据要进行存储、读取和编辑等操作。第三，在具体处罚的设定上，本条依然沿用了双罚制的原则，具体处罚包括责令改正、给予警告、罚款。本条第二句话同时也规定了加重情节，但没有设定具体情形，有赖于在行政裁量和司法实践中结合实际情境予以认定。

第四十七条 从事数据交易中介服务的机构未履行本法第三十三条规定的义务的，由有关主管部门责令改正，没收违法所得，处违法所得一倍以上十倍以下罚款，没有违法所得或者违法所得不足十万元的，处十万元以上一百万元以下罚款，并可以责令暂停相关业务、停业整顿、吊销相关业务许可证或者吊销营业执照；对直接负责的主管人员和其他直接责任人员处一万元以上十万元以下罚款。

【释义】

本条规定的是从事数据交易中介服务的机构未履行说明审核义务的法律责任。该义务的来源是本法第三十三条的规定：从事数据交易中介服务的机构提供服务，应当要求数据提供方说明数据来源，审核交易双方的身份，并留存审核、交易记录。本条除了设定责令改正、罚款，还设定了"没收违法所得"作为处罚方式之一，并且和罚款并用，规定"处违法所得一倍以上十倍以下罚款，没有违法所得或者违法所得不足十万元的，处十万元以上一百万元以下罚款"。此外，本条同样确立了双罚制，在处罚组织的同时，对直接负责的主管人员和其他直接责任人员处一万元以上十万元以下罚款。

第四十八条　违反本法第三十五条规定，拒不配合数据调取的，由有关主管部门责令改正，给予警告，并处五万元以上五十万元以下罚款，对直接负责的主管人员和其他直接责任人员处一万元以上十万元以下罚款。

违反本法第三十六条规定，未经主管机关批准向外国司法或者执法机构提供数据的，由有关主管部门给予警告，可以并处十万元以上一百万元以下罚款，对直接负责的主管人员和其他直接责任人员可以处一万元以上十万元以下罚款；造成严重后果的，处一百万元以上五百万元以下罚款，并可以责令暂停相关业务、停业整顿、吊销相关业务许可证或者吊销营业执照，对直接负责的主管人员和其他直接责任人员处五万元以上五十万元以下罚款。

【释义】

本条规定的是拒不配合数据调取的法律责任，该法律责任的来源是本法第三十五条和第三十六条的规定。

第三十五条规定，公安机关、国家安全机关因依法维护国家安全或者侦查犯罪的需要调取数据，应当按照国家有关规定，经过严格的批准手续，依法进行，有关组织、个人应当予以配合。拒不配合数据调取的，应当承担法律责任，本条规定的具体责任方式包括责令改正、给予警告和罚款。

第三十六条规定，中华人民共和国主管机关根据有关法律和中华人民共和国缔结或者参加的国际条约、协定，或者按照平等互惠原则，处理外国司法或者执法机构关于提供数据的请求。非经中华人民共和国主管机关批准，境内的组织、个人不得向外国司法或者执法机构提供存储于中华人民共和国境内的数据。未经主管机关批准向外国司法或者执法机构提供数据的，本条规定的具体责任方式包括给予警告、罚款、责令暂停相关业务、停业整顿、吊销相关业务许可证或者吊销营业执照。

第四十九条 国家机关不履行本法规定的数据安全保护义务的，对直接负责的主管人员和其他直接责任人员依法给予处分。

【释义】

本条规定的是国家机关不履行数据安全保护义务的法律责任。本条的特殊性在于，虽然违法主体是不履行法定义务的国家机关，但处罚对象则是国家机关内的人员，属于单罚制。国家机关作为政务数据的收集者和使用者，应当履行数据安全保护义务，保证政务数据安全。

第五十条 履行数据安全监管职责的国家工作人员玩忽职守、滥用职权、徇私舞弊的，依法给予处分。

【释义】

本条规定的是履行数据安全监管职责的国家工作人员失职的，应依法给予处分。"玩忽职守"是指国家工作人员严重不负责任，不履行或不认真履行职责；"滥用职权"是指国家工作人员超越职权，违法决定、处理其无权决定、处理的事项；"徇私舞弊"是指国家工作人员为了私情或牟取私利，玩忽职守、滥用职权。对于国家工作人员玩忽职守、滥用职权、徇私舞弊，尚不构成犯罪的，应给予相应的处分。

第五十一条　窃取或者以其他非法方式获取数据，开展数据处理活动排除、限制竞争，或者损害个人、组织合法权益的，依照有关法律、行政法规的规定处罚。

【释义】

本条规定了几种非法数据处理活动处罚的法律适用。本条明确了窃取或者以其他非法方式获取数据的法律后果与其他法律的衔接；明确了数据处理活动不应排除、限制竞争；损害个人、组织合法权益的作为非法数据处理类型的兜底性规定，衔接现有法律、行政法规的处罚规定，同时，也契合本法第一条规定的"保护个人、组织的合法权益"的立法目的。

第五十二条　违反本法规定，给他人造成损害的，依法承担民事责任。

违反本法规定，构成违反治安管理行为的，依法给予治安管理处罚；构成犯罪的，依法追究刑事责任。

【释义】

本条规定了违反《数据安全法》的法律责任，规定了民事责任、治安管理处罚和刑事责任。由于违反《数据安全法》规定，给他人造成损害、构成违反治安管理行为或犯罪的情况比较复杂，法律不可能一一列举出所有的违法行为，因此，本条只进行原则规定。

第七章 附 则

第五十三条 开展涉及国家秘密的数据处理活动，适用《中华人民共和国保守国家秘密法》等法律、行政法规的规定。

在统计、档案工作中开展数据处理活动，开展涉及个人信息的数据处理活动，还应当遵守有关法律、行政法规的规定。

【释义】

本条规定了涉及国家秘密的数据处理活动，统计、档案工作中的数据处理活动，涉及个人信息的数据处理活动的法律法规另行适用与衔接要求，明确了具体类型的数据保护与《数据安全法》的关系，奠定了《数据安全法》作为保护各类数据安全的基本规则的地位，明确了《数据安全法》与其他相关法律、行政法规的一般法与特别法的关系。

第五十四条 军事数据安全保护的办法，由中央军事委员会依据本法另行制定。

【释义】

本条规定了对军事数据安全的保护。《数据安全法》是规范数据安全的专门法律，因此凡是与数据或信息安全有关的规范，均应纳入《数据安

161

全法》。军事数据是数据的一种特殊类型，军事数据安全的内涵除了包含一般数据安全的共性，还具有自身的特殊性。军事数据的重要性及其复杂性决定了必须制定专门的法律规范，该条规定有利于与我国现有法律体系相衔接。

第五十五条　本法自 2021 年 9 月 1 日起施行。

【释义】

本条规定了《数据安全法》的施行时间。

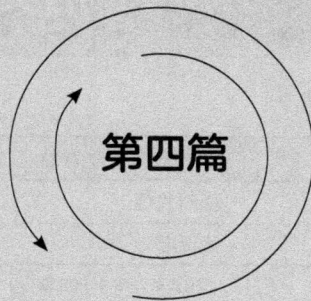

第四篇

附　　件

附件一：网络数据安全相关标准明细表

序号	标准名称	标准号/计划号	所属组织	状态
基础共性				
术语定义				
	《信息安全技术 术语》	GB/T 25069—2022	SAC/TC260	已发布
	《电信数据服务平台 第2部分：术语及参考模型》	2018-2321T-YD	CCSA	征求意见稿
数据安全框架				
	《信息安全技术 大数据安全参考框架》		SAC/TC260	研究项目
	《信息技术 安全技术 隐私保护框架》		SAC/TC260	研究项目
数据分类分级				
	《信息安全技术 数据安全分类分级实施指南》		SAC/TC260	研究项目
	《电信和互联网服务 用户个人信息保护定义及分类》	YD/T 2781—2014	CCSA	已发布
	《电信和互联网服务 用户个人信息保护分级指南》	YD/T 2782—2014	CCSA	已发布
	《基础电信企业数据分类分级方法》	YD/T 3813—2020	CCSA	已发布
	《电信和互联网物联网业务数据分类分级方法》		CCSA	拟制定
关键技术				
数据采集				
	《使用cookie进行互联网数据采集的安全性要求》	2013-2498T-YD	CCSA	报批稿
	《公共安全大数据 数据采集与预处理》	2019-CCSA-08	CCSA	草案
数据传输				
	《信息安全技术 电子文档加密与签名消息语法》	GB/T 31503—2015	SAC/TC260	已发布
	《信息安全技术 XML数字签名语法与处理规范》	GB/T 25061—2020	SAC/TC260	已发布

序号	标准名称	标准号／计划号	所属组织	状态
数据存储				
	《信息安全技术　信息系统安全审计产品技术要求和测试评价方法》	GB/T 20945—2013	SAC/TC260	已发布
	《信息安全技术　网络存储安全技术要求》	GB/T 37939—2019	SAC/TC260	已发布
	《信息安全技术　数据库管理系统安全技术要求》	GB/T 20273—2019	SAC/TC260	已发布
	《通信存储介质（SSD）加密安全技术要求》	YD/T 2390—2011	CCSA	已发布
	《电信网数据泄露防护系统（DLP）技术要求》	YD/T 3735—2020	CCSA	已发布
	《大数据环境下数据库审计系统技术要求》	2019-0743T-YD	CCSA	草案
	《电信网和互联网数据安全日志审计规范》		CCSA	拟制定
	《电信网和互联网数据生命周期日志通用要求》		CCSA	拟制定
数据处理				
	《信息安全技术　个人信息去标识化指南》	GB/T 37964—2019	SAC/TC260	已发布
	《电信大数据平台数据脱敏实施方法》	YD/T 3806—2020	CCSA	已发布
	《面向互联网应用的健康医疗数据应用脱敏技术要求》	2019-0302T-YD	CCSA	报批稿
数据交换				
	《信息安全技术　数据交易服务安全要求》	GB/T 37932—2019	SAC/TC260	已发布
	《信息安全技术　政务信息共享　数据安全技术要求》	GB/T 39477—2020	SAC/TC260	已发布
	《互联网基础资源支撑系统信息数据共享接口技术要求》	2018-0180T-YD	CCSA	报批稿
	《通信行业数据开放共享安全管理要求》	2017-0302T-YD	CCSA	草案
	《网络环境下应用数据流通安全要求》	2019-0742T-YD	CCSA	草案
	《数据安全流通平台技术要求》		CCSA	拟制定
数据销毁				
安全管理				
数据安全规范				
	《信息安全技术　公共及商用服务信息系统个人信息保护指南》	GB/Z 28828—2012	SAC/TC260	已发布
	《信息安全技术　个人信息安全规范》	GB/T 35273—2017	SAC/TC260	已发布

续表

序号	标准名称	标准号／计划号	所属组织	状态
	《信息安全技术 个人信息安全工程指南》	GB/T 41817—2022	SAC/TC260	征求意见稿
	《信息安全技术 个人信息告知同意指南》		SAC/TC260	征求意见稿
	《信息安全技术 移动互联网应用（App）收集个人信息基本规范》		SAC/TC260	草案
	《信息安全技术 个人可识别信息（PII）处理者在公有云中保护 PII 的实践指南》		SAC/TC260	草案
	《电信网和互联网用户个人电子信息保护通用技术要求和管理要求》	YD/T 2692—2020	CCSA	已发布
	《基础电信企业重要数据识别指南》	YD/T 3867—2021	CCSA	已发布
	《电信和互联网服务 用户个人信息保护技术要求 电子商务服务》	YD/T 3105—2016	CCSA	已发布
	《电信和互联网服务 用户个人信息保护技术要求 移动应用商店》	YD/T 3106—2016	CCSA	已发布
	《电信和互联网服务 用户个人信息保护技术要求 即时通信服务》	YD/T 3327—2018	CCSA	已发布
	《电信和互联网服务 用户个人信息保护技术要求 基础电信服务》	2018–1688T–YD	CCSA	草案
	《电信和互联网服务 用户个人信息保护技术要求 出行服务》	2018–1687T–YD	CCSA	草案
数据安全评估				
	《信息安全技术 数据库管理系统安全评估准则》	GB/T 20009—2019	SAC/TC260	已发布
	《信息安全技术 数据出境安全评估指南》		SAC/TC260	送审稿
	《信息安全技术 个人信息安全影响评估指南》	GB/T 39335—2020	SAC/TC260	已发布
	《信息安全技术 大数据业务安全风险控制实施指南》		SAC/TC260	研究项目
	《互联网新技术新业务安全评估要求 大数据技术应用与服务》	YD/T 3741—2020	CCSA	已发布
	《电信网和互联网数据安全风险评估实施方法》	YD/T 3801—2020	CCSA	已发布
	《电信网和互联网数据安全要求》	2019–0218T–YD	CCSA	送审稿
	《电信网和互联网数据安全评估规范》	YD/T 3956—2021	CCSA	已发布
	《电信网和互联网数据安全评估实施技术要求》	2019–0220T–YD	CCSA	征求意见稿

续表

序号	标准名称	标准号／计划号	所属组织	状态
	《电信网和互联网数据安全评估服务机构能力认定准则》		CCSA	拟制定
监测预警与处置				
	《网络安全威胁数据报送接口要求》	2016-1069T-YD	CCSA	报批稿
应急响应与灾难备份				
	《信息安全技术　灾难恢复服务要求》	GB/T 36957—2018	SAC/TC260	已发布
	《信息安全技术　存储介质数据恢复服务要求》	GB/T 31500—2015	SAC/TC260	已发布
	《第三方灾难备份数据交换技术要求》	YD/T 2393—2011	CCSA	已发布
	《电信网和互联网灾难备份及恢复实施指南》	YD/T 1731—2008	CCSA	已发布
	《电信和互联网数据安全事件应急响应实施指南》		CCSA	拟制定
安全能力认证				
	《信息安全技术　大数据服务安全能力要求》	GB/T 35274—2017	SAC/TC260	已发布
	《信息安全技术　灾难恢复服务能力评估准则》	GB/T 37046—2018	SAC/TC260	已发布
	《信息安全技术　数据备份与恢复产品技术要求与测试评价方法》	GB/T 29765—2013	SAC/TC260	已发布
	《信息安全技术　数据安全能力成熟度模型》	GB/T 37988—2019	SAC/TC260	已发布
	《信息安全技术　数据安全管理认证规范》		SAC/TC260	草案
	《面向互联网的数据安全能力技术框架》	YD/T 3644—2020	CCSA	已发布
	《电信网和互联网第三方安全服务能力评定准则》	YD/T 2669—2013	CCSA	已发布
重点领域				
5G				
	《5G移动通信网　安全技术要求》	YD/T 3628—2019	CCSA	已发布
	《5G数据安全总体技术要求》		CCSA	拟制定
移动互联网				
	《信息安全技术　移动智能终端数据存储安全技术要求与测试评价方法》	GB/T 34977—2017	SAC/TC260	已发布
	《信息安全技术　移动智能终端个人信息保护技术要求》	GB/T 34978—2017	SAC/TC260	已发布

序号	标准名称	标准号 / 计划号	所属组织	状态
	《信息安全技术 移动互联网安全审计产品技术要求》		SAC/TC260	征求意见稿
	《移动互联网环境下个人信息共享导则》	YD/T 3411—2018	CCSA	已发布
	《移动浏览器个人信息保护技术要求》	YD/T 3367—2018	CCSA	已发布
	《移动智能终端上的个人信息保护要求》	YD/T 3082—2016	CCSA	已发布
	《移动互联网环境下个人数据共享评估和测试方法》	YD/T 3596—2019	CCSA	已发布
	《移动应用软件个人信息保护要求和评估方法》	2019–1132T-YD	CCSA	征求意见稿
	《移动应用软件 SDK 安全技术要求和测试方法》		CCSA	拟制定
	《移动应用软件 SDK 安全指南》		CCSA	拟制定
	《移动应用商店数据安全要求》		CCSA	拟制定
车联网				
	《车联网信息服务 数据安全技术要求》	YD/T 3751—2020	CCSA	已发布
	《车联网信息服务 用户个人信息保护要求》	YD/T 3746—2020	CCSA	已发布
	《基于移动互联网的汽车用户数据应用与保护技术要求》	2018–0182T-YD	CCSA	征求意见稿
	《基于移动互联网的汽车用户数据应用与保护评估方法》	2018–0183T-YD	CCSA	草案
	《网络预约出租汽车服务平台数据安全防护要求》	2017–0938T-YD	CCSA	草案
物联网				
	《信息安全技术 物联网数据传输安全技术要求》	GB/T 37025—2018	SAC/TC260	已发布
	《基于区块链的物联网数据交换与共享技术分析》	2017B73	CCSA	报批稿
	《基于区块链的安全可信物联网数据通信架构》	2018–2359T-YD	CCSA	草案
工业互联网				
	《信息安全技术 工业控制系统信息安全分级规范》	GB/T 36324—2018	SAC/TC260	已发布
	《信息安全技术 工业控制系统网络审计产品安全技术要求》	GB/T 37941—2019	SAC/TC260	已发布
	《工业互联网数据安全保护要求》	YD/T 3865—2021	CCSA	已发布

续表

序号	标准名称	标准号 / 计划号	所属组织	状态
	《工业互联网安全能力成熟度评估规范》	2018-1395T-YD	CCSA	征求意见稿
云计算				
	《信息安全技术　政府网站云计算服务安全指南》	GB/T 38249—2019	SAC/TC260	已发布
	《信息安全技术　云计算安全参考架构》	GB/T 35279—2017	SAC/TC260	已发布
	《信息安全技术　云计算服务安全能力评估方法》	GB/T 34942—2017	SAC/TC260	已发布
	《信息安全技术　云计算服务安全指南》	GB/T 31167—2014	SAC/TC260	已发布
	《信息安全技术　云计算服务安全能力要求》	GB/T 31168—2014	SAC/TC260	已发布
	《云计算安全框架》	YD/T 3148—2016	CCSA	已发布
	《公有云服务安全防护要求》	YD/T 3157—2016	CCSA	已发布
	《公有云服务安全防护检测要求》	YD/T 3158—2016	CCSA	已发布
	《面向云服务的数据安全标记规范》	YD/T 3470—2019	CCSA	已发布
	《云服务用户数据保护能力参考框架》	YD/T 3954—2021	CCSA	已发布
	《云服务用户数据保护能力评估方法　第1部分：公有云》	YD/T 3797.1—2021	CCSA	已发布
	《云服务用户数据保护能力评估方法　第2部分：私有云》	YD/T 3797.2—2020	CCSA	已发布
	《电信和互联网云服务业务数据分类分级方法》		CCSA	拟制定
大数据				
	《信息安全技术　大数据安全管理指南》	GB/T 37973—2019	SAC/TC260	已发布
	《信息安全技术　电信领域大数据安全防护实现指南》		SAC/TC260	草案
	《大数据平台安全管理产品安全技术要求研究》		SAC/TC260	研究项目
	《电信运营商的大数据应用业务安全技术要求》	YD/T 3472—2019	CCSA	已发布
	《电信和互联网大数据平台安全防护要求》	YD/T 3800—2020	CCSA	已发布
	《电信和互联网大数据平台安全防护检测要求》	YD/T 4057—2022	CCSA	已发布
	《大数据处理平台安全基线要求　应用及基础设施平台》	2017-0297T-YD	CCSA	征求意见稿

序号	标准名称	标准号/计划号	所属组织	状态
	《电信网和互联网数据资产梳理规范》		CCSA	拟制定
人工智能				
	《移动智能终端人工智能应用的个人信息保护技术要求及评估方法》	2019-0745T-YD	CCSA	草案
	《人工智能服务平台数据安全要求和评估方法》	2019-0031T-YD	CCSA	草案
区块链				
	《区块链开发平台网络与数据安全技术要求》	2017-1054T-YD	CCSA	报批稿
	《基于区块链的边缘云网络数据共享机制研究》	2019B62	CCSA	草案
	《金融交易中的区块链智能合约与分布式账本安全技术研究》	2019B32	CCSA	草案

附件二：《数据安全法》三次审议稿条文对比

《数据安全法(一次审议稿)》	《数据安全法（二次审议稿）》	《数据安全法（最终稿）》
第一章 总则 第二章 数据安全与发展 第三章 数据安全制度 第四章 数据安全保护义务 第五章 政务数据安全与开放 第六章 法律责任 第七章 附则	第一章 总则 第二章 数据安全与发展 第三章 数据安全制度 第四章 数据安全保护义务 第五章 政务数据安全与开放 第六章 法律责任 第七章 附则	第一章 总则 第二章 数据安全与发展 第三章 数据安全制度 第四章 数据安全保护义务 第五章 政务数据安全与开放 第六章 法律责任 第七章 附则
第一章 总则	**第一章 总则**	**第一章 总则**
第一条 为了保障数据安全，促进数据开发利用，保护公民、组织的合法权益，维护国家主权、安全和发展利益，制定本法	第一条 为了规范数据处理活动，保障数据安全，促进数据开发利用，保护个人、组织的合法权益，维护国家主权、安全和发展利益，制定本法	第一条 为了规范数据处理活动，保障数据安全，促进数据开发利用，保护个人、组织的合法权益，维护国家主权、安全和发展利益，制定本法
第二条 在中华人民共和国境内开展数据活动，适用本法。 中华人民共和国境外的组织、个人开展数据活动，损害中华人民共和国国家安全、公共利益或者公民、组织合法权益的，依法追究法律责任	第二条 在中华人民共和国境内开展数据处理活动及其安全监管，适用本法。 在中华人民共和国境外开展数据处理活动，损害中华人民共和国国家安全、公共利益或者公民、组织合法权益的，依法追究法律责任	第二条 在中华人民共和国境内开展数据处理活动及其安全监管，适用本法。 在中华人民共和国境外开展数据处理活动，损害中华人民共和国国家安全、公共利益或者公民、组织合法权益的，依法追究法律责任
第三条 本法所称数据，是指任何以电子或者非电子形式对信息的记录。 数据活动，是指数据的收集、存储、加工、使用、提供、交易、公开等行为。 数据安全，是指通过采取必要措施，保障数据得到有效保护和合法利用，并持续处于安全状态的能力	第三条 本法所称数据，是指任何以电子或者非电子形式对信息的记录。 数据处理，包括数据的收集、存储、使用、加工、传输、提供、公开等。 数据安全，是指通过采取必要措施，确保数据处于有效保护和合法利用的状态，以及保障持续安全状态的能力	第三条 本法所称数据，是指任何以电子或者其他方式对信息的记录。 数据处理，包括数据的收集、存储、使用、加工、传输、提供、公开等。 数据安全，是指通过采取必要措施，确保数据处于有效保护和合法利用的状态，以及具备保障持续安全状态的能力
第四条 维护数据安全，应当坚持总体国家安全观，建立健全数据安全治理体系，提高数据安全保障能力	第四条 维护数据安全，应当坚持总体国家安全观，建立健全数据安全治理体系，提高数据安全保障能力	第四条 维护数据安全，应当坚持总体国家安全观，建立健全数据安全治理体系，提高数据安全保障能力

续表

《数据安全法(一次审议稿)》	《数据安全法（二次审议稿）》	《数据安全法（最终稿）》
第五条 国家保护公民、组织与数据有关的权益，鼓励数据依法合理有效利用，保障数据依法有序自由流动，促进以数据为关键要素的数字经济发展，增进人民福祉	第五条 国家保护个人、组织与数据有关的权益，鼓励数据依法合理有效利用，保障数据依法有序自由流动，促进以数据为关键要素的数字经济发展	【对应内容转移至第七条】
第六条 中央国家安全领导机构负责数据安全工作的决策和统筹协调，研究制定、指导实施国家数据安全战略和有关重大方针政策	第六条 中央国家安全领导机构负责数据安全工作的决策和统筹协调，研究制定、指导实施国家数据安全战略和有关重大方针政策	第五条 中央国家安全领导机构负责国家数据安全工作的决策和议事协调，研究制定、指导实施国家数据安全战略和有关重大方针政策，统筹协调国家数据安全的重大事项和重要工作，建立国家数据安全工作协调机制
第七条 各地区、各部门对本地区、本部门工作中产生、汇总、加工的数据及数据安全负主体责任。 工业、电信、自然资源、卫生健康、教育、国防科技工业、金融业等行业主管部门承担本行业、本领域数据安全监管职责。 公安机关、国家安全机关等依照本法和有关法律、行政法规的规定，在各自职责范围内承担数据安全监管职责。 国家网信部门依照本法和有关法律、行政法规的规定，负责统筹协调网络数据安全和相关监管工作	第七条 各地区、各部门对本地区、本部门工作中产生、汇总、加工的数据及数据安全负主体责任。 工业、电信、交通、金融、自然资源、卫生健康、教育、科技等主管部门承担本行业、本领域数据安全监管职责。 公安机关、国家安全机关等依照本法和有关法律、行政法规的规定，在各自职责范围内承担数据安全监管职责。 国家网信部门依照本法和有关法律、行政法规的规定，负责统筹协调网络数据安全和相关监管工作	第六条 各地区、各部门对本地区、本部门工作中收集和产生的数据及数据安全负责。 工业、电信、交通、金融、自然资源、卫生健康、教育、科技等主管部门承担本行业、本领域数据安全监管职责。 公安机关、国家安全机关等依照本法和有关法律、行政法规的规定，在各自职责范围内承担数据安全监管职责。 国家网信部门依照本法和有关法律、行政法规的规定，负责统筹协调网络数据安全和相关监管工作
【对应内容位于原第五条】	【对应内容位于原第五条】	第七条 国家保护个人、组织与数据有关的权益，鼓励数据依法合理有效利用，保障数据依法有序自由流动，促进以数据为关键要素的数字经济发展
第八条 开展数据活动，必须遵守法律、行政法规，尊重社会公德和伦理，遵守商业道德，诚实守信，履行数据安全保护义务，承担社会责任，不得危害国家安全、公共利益，不得损害公民、组织的合法权益	第八条 开展数据处理活动，应当遵守法律、法规，尊重社会公德和伦理，遵守商业道德，诚实守信，履行数据安全保护义务，承担社会责任，不得危害国家安全、公共利益，不得损害个人、组织的合法权益	第八条 开展数据处理活动，应当遵守法律、法规，尊重社会公德和伦理，遵守商业道德和职业道德，诚实守信，履行数据安全保护义务，承担社会责任，不得危害国家安全、公共利益，不得损害个人、组织的合法权益
第九条 国家建立健全数据安全协同治理体系，推动有关部门、行业组织、企业、个人等共同参与数据安全保护工作，形成全社会共同维护数据安全和促进发展的良好环境	第九条 国家建立健全数据安全协作机制，推动有关部门、行业组织、企业、个人等共同参与数据安全保护工作，形成全社会共同维护数据安全和促进发展的良好环境	第九条 国家支持开展数据安全知识宣传普及，提高全社会的数据安全保护意识和水平，推动有关部门、行业组织、科研机构、企业、个人等共同参与数据安全保护工作，形成全社会共同维护数据安全和促进发展的良好环境

续表

《数据安全法(一次审议稿)》	《数据安全法（二次审议稿）》	《数据安全法（最终稿）》
	第十条 相关行业组织按照章程，制定数据安全行为规范，加强行业自律，指导会员加强数据安全保护，提高数据安全保护水平，促进行业健康发展	第十条 相关行业组织按照章程，依法制定数据安全行为规范和团体标准，加强行业自律，指导会员加强数据安全保护，提高数据安全保护水平，促进行业健康发展
第十条 国家积极开展数据领域国际交流与合作，参与数据安全相关国际规则和标准的制定，促进数据跨境安全、自由流动	第十一条 国家积极开展数据领域国际交流与合作，参与数据安全相关国际规则和标准的制定，促进数据跨境安全、自由流动	第十一条 国家积极开展数据安全治理、数据开发利用等领域的国际交流与合作，参与数据安全相关国际规则和标准的制定，促进数据跨境安全、自由流动
第十一条 任何组织、个人都有权对违反本法规定的行为向有关主管部门投诉、举报。收到投诉、举报的部门应当及时依法处理	第十二条 任何个人、组织都有权对违反本法规定的行为向有关主管部门投诉、举报。收到投诉、举报的部门应当及时依法处理	第十二条 任何个人、组织都有权对违反本法规定的行为向有关主管部门投诉、举报。收到投诉、举报的部门应当及时依法处理。 有关主管部门应当对投诉、举报人的相关信息予以保密，保护投诉、举报人的合法权益
第二章　数据安全与发展	**第二章　数据安全与发展**	**第二章　数据安全与发展**
第十二条 国家坚持维护数据安全和促进数据开发利用并重，以数据开发利用和产业发展促进数据安全，以数据安全保障数据开发利用和产业发展	第十三条 国家统筹发展和安全，坚持保障数据安全与促进数据开发利用并重，以数据开发利用和产业发展促进数据安全，以数据安全保障数据开发利用和产业发展	第十三条 国家统筹发展和安全，坚持以数据开发利用和产业发展促进数据安全，以数据安全保障数据开发利用和产业发展
第十三条 国家实施大数据战略，推进数据基础设施建设，鼓励和支持数据在各行业、各领域的创新应用，促进数字经济发展。 省级以上人民政府应当制定数字经济发展规划，并纳入本级国民经济和社会发展规划	第十四条 国家实施大数据战略，推进数据基础设施建设，鼓励和支持数据在各行业、各领域的创新应用。 省级以上人民政府应当将数字经济发展纳入本级国民经济和社会发展规划，并根据需要制定数字经济发展规划	第十四条 国家实施大数据战略，推进数据基础设施建设，鼓励和支持数据在各行业、各领域的创新应用。 省级以上人民政府应当将数字经济发展纳入本级国民经济和社会发展规划，并根据需要制定数字经济发展规划
		第十五条 国家支持开发利用数据提升公共服务的智能化水平。提供智能化公共服务，应当充分考虑老年人、残疾人的需求，避免对老年人、残疾人的日常生活造成障碍
第十四条 国家加强数据开发利用技术基础研究，支持数据开发利用和数据安全等领域的技术推广和商业创新，培育、发展数据开发利用和数据安全产品和产业体系	第十五条 国家支持数据开发利用和数据安全技术研究，鼓励数据开发利用和数据安全等领域的技术推广和商业创新，培育、发展数据开发利用和数据安全产品和产业体系	第十六条 国家支持数据开发利用和数据安全技术研究，鼓励数据开发利用和数据安全等领域的技术推广和商业创新，培育、发展数据开发利用和数据安全产品、产业体系

续表

《数据安全法（一次审议稿）》	《数据安全法（二次审议稿）》	《数据安全法（最终稿）》
第十五条 国家推进数据开发利用技术和数据安全标准体系建设。国务院标准化行政主管部门和国务院有关部门根据各自的职责，组织制定并适时修订有关数据开发利用技术、产品和数据安全相关标准。国家支持企业、研究机构、高等学校、相关行业组织等参与标准制定	第十六条 国家推进数据开发利用技术和数据安全标准体系建设。国务院标准化行政主管部门和国务院有关部门根据各自的职责，组织制定并适时修订有关数据开发利用技术、产品和数据安全相关标准。国家支持企业、社会团体和教育、科研机构等参与标准制定	第十七条 国家推进数据开发利用技术和数据安全标准体系建设。国务院标准化行政主管部门和国务院有关部门根据各自的职责，组织制定并适时修订有关数据开发利用技术、产品和数据安全相关标准。国家支持企业、社会团体和教育、科研机构等参与标准制定
第十六条 国家促进数据安全检测评估、认证等服务的发展，支持数据安全检测评估、认证等专业机构依法开展服务活动	第十七条 国家促进数据安全检测评估、认证等服务的发展，支持数据安全检测评估、认证等专业机构依法开展服务活动	第十八条 国家促进数据安全检测评估、认证等服务的发展，支持数据安全检测评估、认证等专业机构依法开展服务活动。 国家支持有关部门、行业组织、企业、教育和科研机构、有关专业机构等在数据安全风险评估、防范、处置等方面开展协作
第十七条 国家建立健全数据交易管理制度，规范数据交易行为，培育数据交易市场	第十八条 国家建立健全数据交易管理制度，规范数据交易行为，培育数据交易市场	第十九条 国家建立健全数据交易管理制度，规范数据交易行为，培育数据交易市场
第十八条 国家支持高等学校、中等职业学校和企业等开展数据开发利用技术和数据安全相关教育和培训，采取多种方式培养数据开发利用技术和数据安全专业人才，促进人才交流	第十九条 国家支持高等学校、中等职业学校、科研机构和企业等开展数据开发利用技术和数据安全相关教育和培训，采取多种方式培养数据开发利用技术和数据安全专业人才，促进人才交流	第二十条 国家支持教育、科研机构和企业等开展数据开发利用技术和数据安全相关教育和培训，采取多种方式培养数据开发利用技术和数据安全专业人才，促进人才交流
第三章 数据安全制度	**第三章 数据安全制度**	**第三章 数据安全制度**
第十九条 国家根据数据在经济社会发展中的重要程度，以及一旦遭到篡改、破坏、泄露或者非法获取、非法利用，对国家安全、公共利益或者公民、组织合法权益造成的危害程度，对数据实行分级分类保护。 各地区、各部门应当按照国家有关规定，确定本地区、本部门、本行业重要数据保护目录，对列入目录的数据进行重点保护	第二十条 国家建立数据分类分级保护制度，根据数据在经济社会发展中的重要程度，以及一旦遭到篡改、破坏、泄露或者非法获取、非法利用，对国家安全、公共利益或者公民、组织合法权益造成的危害程度，对数据实行分类分级保护，并确定重要数据目录，加强对重要数据的保护。 各地区、各部门应当按照数据分类分级保护制度，确定本地区、本部门以及相关行业、领域的重要数据具体目录，对列入目录的数据进行重点保护	第二十一条 国家建立数据分类分级保护制度，根据数据在经济社会发展中的重要程度，以及一旦遭到篡改、破坏、泄露或者非法获取、非法利用，对国家安全、公共利益或者个人、组织合法权益造成的危害程度，对数据实行分类分级保护。国家数据安全工作协调机制统筹协调有关部门制定重要数据目录，加强对重要数据的保护。关系国家安全、国民经济命脉、重要民生、重大公共利益等数据属于国家核心数据，实行更加严格的管理制度。 各地区、各部门应当按照数据分类分级保护制度，确定本地区、本部门以及相关行业、领域的重要数据具体目录，对列入目录的数据进行重点保护

续表

《数据安全法（一次审议稿）》	《数据安全法（二次审议稿）》	《数据安全法（最终稿）》
第二十条 国家建立集中统一、高效权威的数据安全风险评估、报告、信息共享、监测预警机制，加强数据安全风险信息的获取、分析、研判、预警工作	第二十一条 国家建立集中统一、高效权威的数据安全风险评估、报告、信息共享、监测预警机制，加强数据安全风险信息的获取、分析、研判、预警工作	第二十二条 国家建立集中统一、高效权威的数据安全风险评估、报告、信息共享、监测预警机制。国家数据安全工作协调机制统筹协调有关部门加强数据安全风险信息的获取、分析、研判、预警工作
第二十一条 国家建立数据安全应急处置机制。发生数据安全事件，有关主管部门应当依法启动应急预案，采取相应的应急处置措施，消除安全隐患，防止危害扩大，并及时向社会发布与公众有关的警示信息	第二十二条 国家建立数据安全应急处置机制。发生数据安全事件，有关主管部门应当依法启动应急预案，采取相应的应急处置措施，防止危害扩大，消除安全隐患，并及时向社会发布与公众有关的警示信息	第二十三条 国家建立数据安全应急处置机制。发生数据安全事件，有关主管部门应当依法启动应急预案，采取相应的应急处置措施，防止危害扩大，消除安全隐患，并及时向社会发布与公众有关的警示信息
第二十二条 国家建立数据安全审查制度，对影响或者可能影响国家安全的数据活动进行国家安全审查。 依法作出的安全审查决定为最终决定	第二十三条 国家建立数据安全审查制度，对影响或者可能影响国家安全的数据处理活动进行国家安全审查。 依法作出的安全审查决定为最终决定	第二十四条 国家建立数据安全审查制度，对影响或者可能影响国家安全的数据处理活动进行国家安全审查。 依法作出的安全审查决定为最终决定
第二十三条 国家对与履行国际义务和维护国家安全相关的属于管制物项的数据依法实施出口管制	第二十四条 国家对与维护国家安全和利益、履行国际义务相关的属于管制物项的数据依法实施出口管制	第二十五条 国家对与维护国家安全和利益、履行国际义务相关的属于管制物项的数据依法实施出口管制
第二十四条 任何国家或者地区在与数据和数据开发利用技术等有关的投资、贸易方面对中华人民共和国采取歧视性的禁止、限制或者其他类似措施的，中华人民共和国可以根据实际情况对该国家或者地区采取相应的措施	第二十五条 任何国家或者地区在与数据和数据开发利用技术等有关的投资、贸易等方面对中华人民共和国采取歧视性的禁止、限制或者其他类似措施的，中华人民共和国可以根据实际情况对该国家或者地区对等采取措施	第二十六条 任何国家或者地区在与数据和数据开发利用技术等有关的投资、贸易等方面对中华人民共和国采取歧视性的禁止、限制或者其他类似措施的，中华人民共和国可以根据实际情况对该国家或者地区对等采取措施
第四章　数据安全保护义务	**第四章　数据安全保护义务**	**第四章　数据安全保护义务**
第二十五条 开展数据活动应当依照法律、行政法规的规定和国家标准的强制性要求，建立健全全流程数据安全管理制度，组织开展数据安全教育培训，采取相应的技术措施和其他必要措施，保障数据安全。 重要数据的处理者应当设立数据安全负责人和管理机构，落实数据安全保护责任	第二十六条 开展数据处理活动应当依照法律、法规的规定，在网络安全等级保护制度的基础上，建立健全全流程数据安全管理制度，组织开展数据安全教育培训，采取相应的技术措施和其他必要措施，保障数据安全。 重要数据的处理者应当明确数据安全负责人和管理机构，落实数据安全保护责任	第二十七条 开展数据处理活动应当依照法律、法规的规定，建立健全全流程数据安全管理制度，组织开展数据安全教育培训，采取相应的技术措施和其他必要措施，保障数据安全。利用互联网等信息网络开展数据处理活动，应当在网络安全等级保护制度的基础上，履行上述数据安全保护义务。 重要数据的处理者应当明确数据安全负责人和管理机构，落实数据安全保护责任

续表

《数据安全法（一次审议稿）》	《数据安全法（二次审议稿）》	《数据安全法（最终稿）》
第二十六条 开展数据活动以及研究开发数据新技术，应当有利于促进经济社会发展，增进人民福祉，符合社会公德和伦理	第二十七条 开展数据处理活动以及研究开发数据新技术，应当有利于促进经济社会发展，增进人民福祉，符合社会公德和伦理	第二十八条 开展数据处理活动以及研究开发数据新技术，应当有利于促进经济社会发展，增进人民福祉，符合社会公德和伦理
第二十七条 开展数据活动应当加强风险监测，发现数据安全缺陷、漏洞等风险时，应当立即采取补救措施；发生数据安全事件时，应当按照规定及时告知用户并向有关主管部门报告	第二十八条 开展数据处理活动应当加强风险监测，发现数据安全缺陷、漏洞等风险时，应当立即采取补救措施；发生数据安全事件时，应当立即采取处置措施，按照规定及时告知用户并向有关主管部门报告	第二十九条 开展数据处理活动应当加强风险监测，发现数据安全缺陷、漏洞等风险时，应当立即采取补救措施；发生数据安全事件时，应当立即采取处置措施，按照规定及时告知用户并向有关主管部门报告
第二十八条 重要数据的处理者应当按照规定对其数据活动定期开展风险评估，并向有关主管部门报送风险评估报告。 风险评估报告应当包括本组织掌握的重要数据的种类、数量，收集、存储、加工、使用数据的情况，面临的数据安全风险及其应对措施等	第二十九条 重要数据的处理者应当按照规定对其数据处理活动定期开展风险评估，并向有关主管部门报送风险评估报告。 风险评估报告应当包括处理的重要数据的种类、数量，开展数据处理活动的情况，面临的数据安全风险及其应对措施等	第三十条 重要数据的处理者应当按照规定对其数据处理活动定期开展风险评估，并向有关主管部门报送风险评估报告。 风险评估报告应当包括处理的重要数据的种类、数量，开展数据处理活动的情况，面临的数据安全风险及其应对措施等
	第三十条 关键信息基础设施的运营者在中华人民共和国境内运营中收集和产生的重要数据的出境安全管理，适用《中华人民共和国网络安全法》的规定；其他数据处理者在中华人民共和国境内运营中收集和产生的重要数据的出境安全管理办法，由国家网信部门会同国务院有关部门制定	第三十一条 关键信息基础设施的运营者在中华人民共和国境内运营中收集和产生的重要数据的出境安全管理，适用《中华人民共和国网络安全法》的规定；其他数据处理者在中华人民共和国境内运营中收集和产生的重要数据的出境安全管理办法，由国家网信部门会同国务院有关部门制定
第二十九条 任何组织、个人收集数据，必须采取合法、正当的方式，不得窃取或者以其他非法方式获取数据。法律、行政法规对收集、使用数据的目的、范围有规定的，应当在法律、行政法规规定的目的和范围内收集、使用数据，不得超过必要的限度	第三十一条 任何组织、个人收集数据，应当采取合法、正当的方式，不得窃取或者以其他非法方式获取数据。法律、行政法规对收集、使用数据的目的、范围有规定的，应当在法律、行政法规规定的目的和范围内收集、使用数据	第三十二条 任何组织、个人收集数据，应当采取合法、正当的方式，不得窃取或者以其他非法方式获取数据。法律、行政法规对收集、使用数据的目的、范围有规定的，应当在法律、行政法规规定的目的和范围内收集、使用数据
第三十条 从事数据交易中介服务的机构在提供交易中介服务时，应当要求数据提供方说明数据来源，审核交易双方的身份，并留存审核、交易记录	第三十二条 从事数据交易中介服务的机构在提供交易中介服务时，应当要求数据提供方说明数据来源，审核交易双方的身份，并留存审核、交易记录	第三十三条 从事数据交易中介服务的机构提供服务，应当要求数据提供方说明数据来源，审核交易双方的身份，并留存审核、交易记录
第三十一条 专门提供在线数据处理等服务的经营者，应当依法取得经营业务许可或者备案。具体办法由国务院电信主管部门会同有关部门制定	第三十三条 法律、行政法规规定提供数据处理相关服务应当取得行政许可的，服务提供者应当依法取得许可	第三十四条 法律、行政法规规定提供数据处理相关服务应当取得行政许可的，服务提供者应当依法取得许可

续表

《数据安全法(一次审议稿)》	《数据安全法（二次审议稿）》	《数据安全法（最终稿）》
第三十二条 公安机关、国家安全机关因依法维护国家安全或者侦查犯罪的需要调取数据，应当按照国家有关规定，经过严格的批准手续，依法进行，有关组织、个人应当予以配合	第三十四条 公安机关、国家安全机关因依法维护国家安全或者侦查犯罪的需要调取数据，应当按照国家有关规定，经过严格的批准手续，依法进行，有关组织、个人应当予以配合	第三十五条 公安机关、国家安全机关因依法维护国家安全或者侦查犯罪的需要调取数据，应当按照国家有关规定，经过严格的批准手续，依法进行，有关组织、个人应当予以配合
第三十三条 境外执法机构要求调取存储于中华人民共和国境内的数据的，有关组织、个人应当向有关主管机关报告，获得批准后方可提供。中华人民共和国缔结或者参加的国际条约、协定对外国执法机构调取境内数据有规定的，依照其规定	第三十五条 中华人民共和国境外的司法或者执法机构要求调取存储于中华人民共和国境内的数据的，非经中华人民共和国主管机关批准，不得提供；中华人民共和国缔结或者参加的国际条约、协定有规定的，可以按照其规定执行	第三十六条 中华人民共和国主管机关根据有关法律和中华人民共和国缔结或者参加的国际条约、协定，或者按照平等互惠原则，处理外国司法或者执法机构关于提供数据的请求。非经中华人民共和国主管机关批准，境内的组织、个人不得向外国司法或者执法机构提供存储于中华人民共和国境内的数据
第五章　政务数据安全与开放	**第五章　政务数据安全与开放**	**第五章　政务数据安全与开放**
第三十四条 国家大力推进电子政务建设，提高政务数据的科学性、准确性、时效性，提升运用数据服务经济社会发展的能力	第三十六条 国家大力推进电子政务建设，提高政务数据的科学性、准确性、时效性，提升运用数据服务经济社会发展的能力	第三十七条 国家大力推进电子政务建设，提高政务数据的科学性、准确性、时效性，提升运用数据服务经济社会发展的能力
第三十五条 国家机关为履行法定职责的需要收集、使用数据，应当在其履行法定职责的范围内依照法律、行政法规规定的条件和程序进行	第三十七条 国家机关为履行法定职责的需要收集、使用数据，应当在其履行法定职责的范围内依照法律、行政法规规定的条件和程序进行	第三十八条 国家机关为履行法定职责的需要收集、使用数据，应当在其履行法定职责的范围内依照法律、行政法规规定的条件和程序进行；对在履行职责中知悉的个人隐私、个人信息、商业秘密、保密商务信息等数据应当依法予以保密，不得泄露或者非法向他人提供
第三十六条 国家机关应当依照法律、行政法规的规定，建立健全数据安全管理制度，落实数据安全保护责任，保障政务数据安全	第三十八条 国家机关应当依照法律、行政法规的规定，建立健全数据安全管理制度，落实数据安全保护责任，保障政务数据安全	第三十九条 国家机关应当依照法律、行政法规的规定，建立健全数据安全管理制度，落实数据安全保护责任，保障政务数据安全
第三十七条 国家机关委托他人存储、加工政务数据，或者向他人提供政务数据，应当经过严格的批准程序，并应当监督接收方履行相应的数据安全保护义务	第三十九条 国家机关委托他人建设、维护电子政务系统，存储、加工政务数据，或者向他人提供政务数据，应当经过严格的批准程序，并应当监督受托方、数据接收方履行相应的数据安全保护义务	第四十条 国家机关委托他人建设、维护电子政务系统，存储、加工政务数据，应当经过严格的批准程序，并应当监督受托方履行相应的数据安全保护义务。受托方应当依照法律、法规的规定和合同约定履行数据安全保护义务，不得擅自留存、使用、泄露或者向他人提供政务数据

续表

《数据安全法（一次审议稿）》	《数据安全法（二次审议稿）》	《数据安全法（最终稿）》
第三十八条 国家机关应当遵循公正、公平、便民的原则，按照规定及时、准确地公开政务数据。依法不予公开的除外	第四十条 国家机关应当遵循公正、公平、便民的原则，按照规定及时、准确地公开政务数据。依法不予公开的除外	第四十一条 国家机关应当遵循公正、公平、便民的原则，按照规定及时、准确地公开政务数据。依法不予公开的除外
第三十九条 国家制定政务数据开放目录，构建统一规范、互联互通、安全可控的政务数据开放平台，推动政务数据开放利用	第四十一条 国家制定政务数据开放目录，构建统一规范、互联互通、安全可控的政务数据开放平台，推动政务数据开放利用	第四十二条 国家制定政务数据开放目录，构建统一规范、互联互通、安全可控的政务数据开放平台，推动政务数据开放利用
第四十条 具有公共事务管理职能的组织为履行公共事务管理职能开展数据活动，适用本章规定	第四十二条 法律、法规授权的具有管理公共事务职能的组织为履行法定职责开展数据处理活动，适用本章规定	第四十三条 法律、法规授权的具有管理公共事务职能的组织为履行法定职责开展数据处理活动，适用本章规定
第六章　法律责任	**第六章　法律责任**	**第六章　法律责任**
第四十一条 有关主管部门在履行数据安全监管职责中，发现数据活动存在较大安全风险的，可以按照规定的权限和程序对有关组织和个人进行约谈。有关组织和个人应当按照要求采取措施，进行整改，消除隐患	第四十三条 有关主管部门在履行数据安全监管职责中，发现数据处理活动存在较大安全风险的，可以按照规定的权限和程序对有关组织和个人进行约谈。有关组织和个人应当按照要求采取措施，进行整改，消除隐患	第四十四条 有关主管部门在履行数据安全监管职责中，发现数据处理活动存在较大安全风险的，可以按照规定的权限和程序对有关组织、个人进行约谈，并要求有关组织、个人采取措施进行整改，消除隐患
第四十二条 开展数据活动的组织、个人不履行本法第二十五条、第二十七条、第二十八条、第二十九条规定的数据安全保护义务或者未采取必要的安全措施的，由有关主管部门责令改正，给予警告，可以并处五千元以上五万元以下罚款，对直接负责的主管人员可以处五千元以上五万元以下罚款；拒不改正或者造成大量数据泄露等严重后果的，处十万元以上一百万元以下罚款，对直接负责的主管人员和其他直接责任人员处一万元以上十万元以下罚款	第四十四条 开展数据处理活动的组织、个人不履行本法第二十六条、第二十八条、第二十九条、第三十条规定的数据安全保护义务的，由有关主管部门责令改正，给予警告，可以并处五万元以上五十万元以下罚款，对直接负责的主管人员和其他直接责任人员处一万元以上十万元以下罚款；拒不改正或者造成大量数据泄露等严重后果的，处五十万元以上五百万元以下罚款，并可以责令暂停相关业务、停业整顿、吊销相关业务许可证或者吊销营业执照，对直接负责的主管人员和其他直接责任人员处五万元以上五十万元以下罚款	第四十五条 开展数据处理活动的组织、个人不履行本法第二十七条、第二十九条、第三十条规定的数据安全保护义务的，由有关主管部门责令改正，给予警告，可以并处五万元以上五十万元以下罚款，对直接负责的主管人员和其他直接责任人员可以处一万元以上十万元以下罚款；拒不改正或者造成大量数据泄露等严重后果的，处五十万元以上二百万元以下罚款，并可以责令暂停相关业务、停业整顿、吊销相关业务许可证或者吊销营业执照，对直接负责的主管人员和其他直接责任人员处五万元以上二十万元以下罚款。 违反国家核心数据管理制度，危害国家主权、安全和发展利益的，由有关主管部门处二百万元以上一千万元以下罚款，并根据情况责令暂停相关业务、停业整顿、吊销相关业务许可证或者吊销营业执照；构成犯罪的，依法追究刑事责任

续表

《数据安全法(一次审议稿)》	《数据安全法(二次审议稿)》	《数据安全法(最终稿)》
		第四十六条 违反本法第三十一条规定,向境外提供重要数据的,由有关主管部门责令改正,给予警告,可以并处十万元以上一百万元以下罚款,对直接负责的主管人员和其他直接责任人员可以处一万元以上十万元以下罚款;情节严重的,处一百万元以上一千万元以下罚款,并可以责令暂停相关业务、停业整顿、吊销相关业务许可证或者吊销营业执照,对直接负责的主管人员和其他直接责任人员处十万元以上一百万元以下罚款
第四十三条 数据交易中介机构未履行本法第三十条规定的义务,导致非法来源数据交易的,由有关主管部门责令改正,没收违法所得,处违法所得一倍以上十倍以下罚款,没有违法所得的,处十万元以上一百万元以下罚款,并可以由有关主管部门吊销相关业务许可证或者吊销营业执照;对直接负责的主管人员和其他直接责任人员处一万元以上十万元以下罚款	**第四十五条** 从事数据交易中介服务的机构未履行本法第三十二条规定的义务,导致非法来源数据交易的,由有关主管部门责令改正,没收违法所得,处违法所得一倍以上十倍以下罚款,没有违法所得或者违法所得不足十万元的,处十万元以上一百万元以下罚款,并可以责令暂停相关业务、停业整顿、吊销相关业务许可证或者吊销营业执照;对直接负责的主管人员和其他直接责任人员处一万元以上十万元以下罚款	**第四十七条** 从事数据交易中介服务的机构未履行本法第三十三条规定的义务的,由有关主管部门责令改正,没收违法所得,处违法所得一倍以上十倍以下罚款,没有违法所得或者违法所得不足十万元的,处十万元以上一百万元以下罚款,并可以责令暂停相关业务、停业整顿、吊销相关业务许可证或者吊销营业执照;对直接负责的主管人员和其他直接责任人员处一万元以上十万元以下罚款
第四十四条 未取得许可或者备案,擅自从事本法第三十一条规定业务的,由有关主管部门责令改正或者予以取缔,没收违法所得,处违法所得一倍以上十倍以下罚款;没有违法所得的,处十万元以上一百万元以下罚款;对直接负责的主管人员和其他直接责任人员处一万元以上十万元以下罚款		
	第四十六条 违反本法第三十四条规定,拒不配合数据调取的,由有关主管部门责令改正,给予警告,可以并处五万元以上五十万元以下罚款,对直接负责的主管人员和其他直接责任人员可以处一万元以上十万元以下罚款。 违反本法第三十五条规定,未经主管机关批准向境外的司法或者执法机构提供数据的,由有关主管部门责令改正,给予警告,可以并处十万元以上一百万元以下罚款,对直接负责的主管人员和其他直接责任人员可以处二万元以上二十万元以下罚款	**第四十八条** 违反本法第三十五条规定,拒不配合数据调取的,由有关主管部门责令改正,给予警告,并处五万元以上五十万元以下罚款,对直接负责的主管人员和其他直接责任人员处一万元以上十万元以下罚款。 违反本法第三十六条规定,未经主管机关批准向外国司法或者执法机构提供数据的,由有关主管部门给予警告,可以并处十万元以上一百万元以下罚款,对直接负责的主管人员和其他直接责任人员可以处一万元以上十万元以下罚款;造成严重后果的,处一百万元以上五百万元以下罚款,并可以责令暂停相关业务、停业整顿、吊销相关业务许可证或者吊销营业执照,对直接负责的主管人员和其他直接责任人员处五万元以上五十万元以下罚款

《数据安全法（一次审议稿）》	《数据安全法（二次审议稿）》	《数据安全法（最终稿）》
第四十五条 国家机关不履行本法规定的数据安全保护义务的，对直接负责的主管人员和其他直接责任人员依法给予处分	第四十七条 国家机关不履行本法规定的数据安全保护义务的，对直接负责的主管人员和其他直接责任人员依法给予处分	第四十九条 国家机关不履行本法规定的数据安全保护义务的，对直接负责的主管人员和其他直接责任人员依法给予处分
第四十六条 履行数据安全监管责任的国家工作人员玩忽职守、滥用职权、徇私舞弊，尚不构成犯罪的，依法给予处分	第四十八条 履行数据安全监管职责的国家工作人员玩忽职守、滥用职权、徇私舞弊，尚不构成犯罪的，依法给予处分	第五十条 履行数据安全监管职责的国家工作人员玩忽职守、滥用职权、徇私舞弊，尚不构成犯罪的，依法给予处分
第四十七条 通过数据活动危害国家安全、公共利益，或者损害公民、组织合法权益的，依照有关法律、行政法规的规定处罚	第四十九条 开展数据处理活动危害国家安全、公共利益，排除、限制竞争，或者损害个人、组织合法权益的，依照有关法律、行政法规的规定处罚	第五十一条 窃取或者以其他非法方式获取数据，开展数据处理活动排除、限制竞争，或者损害个人、组织合法权益的，依照有关法律、行政法规的规定处罚
第四十八条 违反本法规定，给他人造成损害的，依法承担民事责任。 违反本法规定，构成违反治安管理处罚行为的，依法给予治安管理处罚；构成犯罪的，依法追究刑事责任	第五十条 违反本法规定，给他人造成损害的，依法承担民事责任。 违反本法规定，构成违反治安管理处罚行为的，依法给予治安管理处罚；构成犯罪的，依法追究刑事责任	第五十二条 违反本法规定，给他人造成损害的，依法承担民事责任。 违反本法规定，构成违反治安管理处罚行为的，依法给予治安管理处罚；构成犯罪的，依法追究刑事责任
第七章　附则	**第七章　附则**	**第七章　附则**
第四十九条 涉及国家秘密的数据活动，适用《中华人民共和国保守国家秘密法》等法律、行政法规的规定。 开展涉及个人信息的数据活动，应当遵守有关法律、行政法规的规定	第五十一条 开展涉及国家秘密的数据处理活动，适用《中华人民共和国保守国家秘密法》等法律、行政法规的规定。 开展涉及个人信息的数据处理活动，应当遵守个人信息保护法律、行政法规的规定	第五十三条 开展涉及国家秘密的数据处理活动，适用《中华人民共和国保守国家秘密法》等法律、行政法规的规定。 在统计、档案工作中开展数据处理活动，开展涉及个人信息的数据处理活动，还应当遵守有关法律、行政法规的规定
	第五十二条 军事数据安全保护的办法，由中央军事委员会依据本法另行制定	第五十四条 军事数据安全保护的办法，由中央军事委员会依据本法另行制定
	第五十三条 本法自年月日起施行	第五十五条 本法自 2021 年 9 月 1 日起施行